Knaur

DIETER PERLOWSKI

SKETCHE FÜR DIE HOCHZEIT

Knaur

DIETER PERLOWSKI

SKETCHE FÜR DIE HOCHZEIT

HEITERES, LUSTIGES UND KOMISCHES VON DER PARTNERSUCHE BIS ZUM EHELEBEN

www.droemer-knaur.de

IMPRESSUM

Bibliografische Information Der Deutschen Bibliothek
Die Deutsche Bibliothek verzeichnet diese Publikation in der Deutschen Nationalbibliografie; detaillierte bibliografische Daten sind im Internet über http://dnb.ddb.de abrufbar.

Die im Buch veröffentlichten Ratschläge wurden von Verfasser und Verlag sorgfältig erarbeitet und geprüft. Eine Garantie kann dennoch nicht übernommen werden. Ebenso ist die Haftung des Verfassers bzw. des Verlages und seiner Beauftragten für Personen-, Sach- und Vermögensschäden ausgeschlossen.

Umschlagkonzeption: ZERO Werbeagentur, München
Umschlaglayout und -herstellung: Daniela Meyer
Umschlagfoto: Getty Images/Dale Durfee

Projektleitung: Annett Wagner
Illustrationen: Till Winkler, Augsburg
Lektorat: redaktionsbüro drajabs, Berlin
Satz und Layout: Diamond Graphics KG, Augsburg
Herstellung: Hartmut Czauderna

Druck und Bindung: Appl, Wemding

ISBN 3-426-64161-5
Printed in Germany

05 04 03 02 01
Bitte besuchen Sie uns im Internet:
www.knaur-ratgeber.de

INHALT

TIPPS, TRICKS UND EMPFEHLUNGEN

SZENEN AUS DER VOREHELICHEN ZEIT

SZENEN AM HOCHZEITSTAG

EROTIK, SEX, HOCHZEITSNACHT UND DER GANZE REST

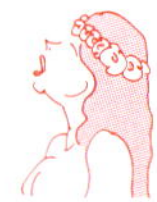

SO SCHREIBEN SIE IHREN EIGENEN SKETCH

Hin und wieder passiert es fast jedem einmal, er wird zu einer Hochzeit eingeladen. Die Hochzeit ist das Fest, das man anlässlich der Eheschließung feiert. Hier geht es nicht um den juristischen Akt zur Begründung der ehelichen Gemeinschaft, hier geht es um Bräuche und Rituale, die zu einer Hochzeitsfeier gehören.

In diese Sitten und Gebräuche will der vorliegende Ratgeber nicht eingreifen. Er will auch keine neuen schaffen. Er möchte nur einen Trend unterstützen, der dahin geht, das Brautpaar und die Hochzeitsgäste mit humoristischen Darbietungen zu unterhalten.

Ob Sie nun als Hochzeitsgäste einfach nur Ihr Geschenk auf originelle Weise überreichen möchten, ob Sie den Hintergrund der heute geschlossenen Ehe humoristisch beleuchten wollen oder ob Sie dem jungen Glück für die Zukunft augenzwinkernde Lebenshilfe mit auf den Weg zu geben gedenken - dieses Buch will Ihnen Anregungen geben, damit Sie die richtigen Worte in der passenden Vortragsart finden.

Die im Folgenden verwendeten Beispiele sind natürlich alle direkt und ohne Textänderung spielbar. Wirklich erfolgreich werden sie aber nur dann sein, wenn sie an die jeweilige Situation der aktuellen Hochzeit angepasst sind. Manchmal genügt es schon, nicht die Namen, die im Buch verwendet werden, zu nehmen, sondern die des Brautpaares. Oft wird man aber doch wesentliche Textpassagen ändern und anpassen wollen. Hierbei mögen die Tipps, Tricks und Empfehlungen hilfreich sein.

Eine Hochzeit ist ein Ereignis der besonderen Art. Und weil das so ist, ist auch die Darstellung einer Szene als Sketch eine besondere Herausforderung, die es zu meistern gilt. So ein Festsaal mit Gästen, die sich zum Teil noch nicht und die auch Sie nicht alle kennen, ist etwas ganz anderes als eine Familienfeier im kleineren Kreis.

DAS UMFELD

In unserem Kulturkreis findet eine Hochzeitsfeier in aller Regel im Saale statt. Sollte es in diesem Saal eine Bühne geben, so ist diese in den meisten Fällen von einer mehr oder weniger großen Musikantengruppe belegt, steht also für Sketche und sketchähnliche Darbietungen selten zur Verfügung. Unser Spielort befindet sich also irgendwo in einem Saal, den wir noch nicht kennen. Unser Spiel wird damit fast zwangsläufig zur Improvisation, denn wir können es erst dann planen, wenn wir den Raum betreten haben. Dann sind aber auch die anderen Gäste und das Brautpaar anwesend.

Jetzt gibt es so einiges, was man falsch machen kann. Aber Fehler sind ja dazu da, dass man sie vermeidet. Um sie vermeiden zu können, muss man jedoch die Gefahren kennen und erkennen. Gehen wir sie mal durch:

- Sie betreten den Saal und ziehen die Aufmerksamkeit dadurch auf sich, dass Sie sich wie ein Filmregisseur verhalten, der die »location« inspiziert, um sie zu einem »set« machen zu können. Das sollten Sie vermeiden, denn die Aufmerksamkeit gehört dem Brautpaar; und warum wollen Sie jetzt schon andeuten, dass Sie später etwas zum Besten geben wollen? Es gibt viele unauffällige Möglichkeiten, sich durch den Raum zu bewegen und ihn kennen zu lernen.

- Gehen Sie niemals davon aus, dass Ihre Darbietung der einzige Beitrag zur Unterhaltung des Brautpaares und der Gäste ist. Versuchen Sie also herauszufinden, was in dieser Nacht sonst noch geplant ist, und besprechen Sie sich mit den anderen Aktiven, um einen ungefähren Zeitplan festzulegen. Beachten Sie dabei, dass es Texte gibt, die zwischen zwei Gängen des Menüs dargeboten werden können, dass es aber auch Texte gibt, die erst nach dem Essen gespielt werden dürfen. Wenn Sie zwischen zwei Gängen auftreten wollen, zum Beispiel mit »An das junge Paar« oder »TÜV«, müssen Sie das dem Bedienungspersonal vorher mitteilen. Meistens wissen die Geschwister oder Eltern der Braut oder des Bräutigams, wer einen Auftritt geplant hat.
- Gerade wollen Sie mit Ihrer Darbietung beginnen, da spielt die Musik zum Marschwalzer auf. Das liegt ganz einfach daran, dass Sie es versäumt haben, sich mit dem Orchester abzustimmen. Musikgruppen, die zu Hochzeiten aufspielen, wissen, dass sie nicht die Einzigen sind, die die Gesellschaft unterhalten, und unterstützen jeden, der auftreten möchte.
- Sie beginnen Ihr Spiel, und niemand nimmt Notiz davon. Vermeiden Sie vorher diese Situation. Verkünden Sie laut und deutlich, dass Sie nun einen Sketch zu spielen gedenken, oder bitten Sie den Sänger, die Sängerin oder den Diskjockey um eine entsprechende Ansage. Damit haben Sie die Aufmerksamkeit Ihres Publikums auf sich gezogen. Diese Aufmerksamkeit ist aber leider sehr kurzlebig, fangen Sie also bitte unverzüglich an zu agieren.

Die schwersten Fehler haben wir nun glücklich vermieden, aber es gibt immer auch Kleinigkeiten, auf die man vorbereitet sein sollte. Dazu ein Beispiel: Ich hatte alles vorbereitet für den Sketch »Der Kalender« (s. S. 68). Ich betrat den Saal, gratulierte dem Brautpaar und stellte fest, dass ich mich in einem Spiegelsaal befand. Blitzlicht vor einem Spiegel verhindert brauchbare Fotos, und ohne Blitz wird es erst recht nichts. Dieses Problem war für den Erfolg der Darbietung beim Publikum ohne Bedeutung, für das Ergebnis – nämlich den Fotokalender – aber eben wichtig. Mir war es aber zum Glück gelungen, einen nicht reflektierenden Hintergrund zu finden.

Bei Hochzeiten ist immer irgendetwas nicht so, wie Sie sich das gedacht hatten. Der Raum ist größer oder kleiner als erwartet, es stehen dekorative Säulen da, die einem Teil der Gäste die Sicht auf die Tanzfläche nehmen, auf der Sie spielen wollen, ausladende Blumengebinde stehen im Weg, die Tische sind um die Tanzfläche herum gruppiert, sodass Sie keine freie Wand haben, vor der Sie spielen können, es gibt keinen Beistelltisch, den Sie als Requisite verwenden können, und so weiter. Die Fantasie reicht nicht aus für das, was die Wirklichkeit für uns bereithält. Kurz und gut: Rechnen Sie damit, dass Sie improvisieren müssen.

DIE SPIELWEISE

Es gibt Sketche, die je nach Spielweise völlig verschiedene Wirkungen erzielen können. Das soll an einem einzigen Satz kurz dargestellt werden. Wir lassen den folgenden Satz von einer Frau sprechen: »Man sollte nicht nur deswegen heiraten, weil man miteinander ins Bett will.« Wird dieser Satz sachlich, also eher kühl gesprochen, sagt er aus, dass es noch andere gemeinsame Interessen kultureller, wirtschaftlicher oder sonstiger

Art gibt. Wird er aber einschmeichelnd sanft, erotisch gehaucht ausgesprochen, sagt er aus, dass es neben dem Bett auch andere Örtlichkeiten ehelicher Pflichterfüllung gibt. Eine falsche Betonung des Textes kann also den Sinn entstellen, kann sogar dazu führen, dass der Sinn völlig verloren geht. Untersuchen Sie deshalb den Text, den Sie spielen wollen, auf entsprechende Fallen.

Nun lernen Sie Ihren Text, proben ihn ein paar Mal, und dann spielen Sie munter drauflos. Spielen Sie so natürlich wie möglich. Sie müssen sich nicht verstellen, wenn Sie Menschen wie du und ich darstellen, denn Sie sind ja ein Mensch wie du und ich. Aufwändige Kostüme brauchen Sie bei Hochzeiten auch nur selten, besondere Schminke gar nicht.

Beispielhaft seien hier ein paar Punkte erwähnt, auf die man achten sollte.

Einzelvorträge wie »Ansprache des Vaters … « oder »Ansprache der Mutter … « können am Tisch stehend, von der Mitte der Tanzfläche oder von der Bühne gesprochen werden. Ein Solist kann den Platz eines Sängers auf der Bühne einnehmen, aber Achtung! Das Gesangsmikrofon ist für Sprache nicht geeignet! Gruppen, die öfter bei Hochzeiten spielen, haben aber meistens ein für Sprache eingestelltes Mikrofon angeschlossen. Fragen Sie danach.

Versuchen Sie, für Sketche einen Platz am Rande der Tanzfläche zu finden, wo Sie das Publikum vor sich haben, nicht um sich herum. Der Solist kann sich drehen und dabei in alle Richtungen agieren, im Sketch können Sie das nicht immer. Was stehend gespielt werden kann, sollte auch stehend gespielt werden. Wenn Sie stehen, werden Sie besser gesehen.

Massenszenen wie »Brautwerbung« oder »Der Kalender« werden zwangsläufig auf der Tanzfläche gespielt. Mit diesen beiden Sketchen haben wir auch schon zwei Ausnahmen für das eben Gesagte. Hier brauchen Sie keine Wand im Rücken, im Gegenteil, hier ist es sogar besser, wenn die Gäste um die Tanzfläche herum stehen, denn

beide Szenen bringen sehr viel Bewegung in die Mitwirkenden, die sich durch die Rollenvorgaben in alle Richtungen drehen müssen.

AKUSTISCHE EFFEKTE

Vom Fernsehen sind wir es gewohnt, dass Sketche entweder wie kurze Theaterstücke oder wie Kurzfilme geboten werden. Beide Formen kommen nicht ohne akustische Effekte aus. Live gespielte Sketche brauchen solche Effekte nicht unbedingt, man kann aber mit gezielt eingesetzten Geräuschen eine intensivere Wirkung erzielen. Dabei ist es nicht einmal nötig, dass die Geräusche echt klingen, oft reicht die Ähnlichkeit.

Die Möglichkeiten, Klangeffekte zu produzieren, sind bei Hochzeiten ziemlich eingeschränkt. Also ist auch hier Improvisation gefragt. Überlegen Sie, was so ähnlich klingt wie das, was Sie zu Gehör bringen wollen. Als Türklingel tut es zum Beispiel eine Fahrradklingel. Die einfachste Art ist aber meistens die, dass Sie die Geräusche, die Sie brauchen, auf einem Kassettenrecorder oder DVD-Player mitbringen.

Musik ist Geräusch. Musikanten sind auf Hochzeiten anwesend. Also werden Sie Geräuschprofis vorfinden. Nehmen Sie mit den Musikern Kontakt auf. Wenn Sie Glück haben, können Sie Ihren Kassettenrecorder an deren Verstärker anschließen. Elektronische Orgeln können viele Geräusche simulieren. Der Schlagzeuger kann vom Pistolenschuss bis zum Schlag mit der Keule den richtigen Effekt geben. Aber auch Musiker sind, und seien sie noch so gut, nur Menschen. Wenn sie erst dann von Ihrer Bitte erfahren, Ihren Auftritt akustisch aufzuwerten, wenn Sie damit beginnen wollen, werden sie wahrscheinlich überfordert sein. Sprechen Sie deshalb frühzeitig mit ihnen.

Das Geräusch, das eine Tür beim Öffnen und Schließen macht, kann man übrigens auch mit einer Tür machen. Sollte sich eine solche im Saal befinden, verwenden Sie sie doch einfach. Vergewissern Sie sich aber rechtzeitig, ob es eine geeignete Tür gibt, viele Säle werden durch eine Schiebetür betreten, und die knallt nun mal nicht.

DER TEXT

Natürlich hat jede Eheschließung einen erotischen Aspekt – und wenn es die Erotik des Geldes ist. Gehen wir aber von einer normalen Ehe aus, deren Grundlage die Liebe ist und nicht wirtschaftliches Interesse. Dann ist die Hochzeitsnacht eine der großen Fantasien der Hochzeitsgäste. Diese Fantasie darf man natürlich in den Sketchen mitschwingen lassen, ja, man darf sie sogar etwas schüren. Achten Sie aber bitte darauf, dass der Hochzeitstag für die Braut der schönste Tag ihres Lebens sein soll, nicht der peinlichste. Deshalb gleich hier der Hinweis zu Gefahren und Nebenwirkungen: Vorsicht, wenn es um Ivonne und Horst geht. Aber zu dieser Problematik kommen wir später.

Einerseits können die Beispiele in diesem Buch nicht für jedes Brautpaar und schon gar nicht für jede Hochzeitsgesellschaft passen, andererseits werden Sie wahrscheinlich gerne einen eigenen Text schreiben und spielen wollen, ein sehr verständlicher Wunsch.

Aus eigener Erfahrung weiß ich, dass ein leeres Blatt Papier, kombiniert mit einem Schreibstift auf einem Tisch liegend, jede Kreativität tötet und jede Idee im Keime erstickt.

Damit Sie nicht endlos vor diesem leeren Blatt sitzen müssen, verwenden Sie einfach die Beispiele als Inspiration. Es muss ja nicht immer der Originaltext sein.

Auch die Fragmente am Ende dieses Büchleins sollen Ideenlieferanten sein. Sie können in Texte eingebunden werden, sie können aber auch den Kern des Sketches bilden, um den Sie Ihre eigene Geschichte ranken wollen. Selbstverständlich ist auch nichts dagegen einzuwenden, wenn Sie einzelne Passagen aus verschiedenen Sketchen zu etwas Neuem zusammenfügen.

Die Tatsache, dass Sie wahrscheinlich keine Bühne haben, zwingt Sie dazu, den Hochzeitsgästen auf geeignete Weise mitzuteilen, dass Sie nun einen Sketch spielen wollen. Dazu überlegt man sich eine Ansage oder eine Einleitung. Für die Texte »Schnuckiputzi und Schnuckelchen«, »Der Kalender« und »Familienplanung« ist so eine Einleitung bereits im Text enthalten, für andere Szenen müssen Sie sich selbst eine überlegen. Sprechen Sie die Gesellschaft dabei direkt an: »Liebes Brautpaar, liebe Eltern, liebe Hochzeitsgäste.« Wenn Sie mit dem Brautpaar per du sind, dann sagen Sie natürlich: »Liebe Ivonne, lieber Horst.« Da Sie weder Kostüme noch Requisiten im großen Stil verwenden, müssen Sie nun in den meisten Fällen eine kurze Einführung in die Szene geben, zum Beispiel so: »Stellt euch vor, hinter mir befände sich die Tür zum Dienstzimmer des Standesbeamten.«

Damit ist der Start geglückt. Jetzt geht es in die Tiefe des Textes. Sehr oft werden Namen verwendet, die der Gesellschaft angepasst werden sollten. In »Schnuckiputzi und Schnuckelchen« sind es Spitznamen, die durch die tatsächlichen Kosenamen des Brautpaares ersetzt werden sollten. In »Überstunden« und »Familienplanung« sind es die amtlichen Namen. Es müssen aber nicht immer die Namen der Brautleute sein. Man kann, wenn es um das Prinzip »schlechtes Beispiel« geht, auch sich selbst auf den Arm nehmen.

Der Text ist nun spielbar, kann aber noch besser gemacht werden, indem er den dargestellten Personen angepasst wird. Es gibt kaum einen Menschen, der nicht eine auffällige Sprachgewohnheit hätte. Ändern Sie den Text entsprechend, und bauen Sie diese Sprachgewohnheit ein.

Erweitern Sie den Text mit eigenen Ideen. Verwenden Sie dazu ruhig auch Zitate wie in »Achtundsechziger« oder alte Witze wie in »Verhältnisse« oder »Überstunden«. Es gibt aber ja auch Zitate, die man nicht in klugen Büchern findet, Zitate, die aus dem Umfeld des Brautpaares oder vom Brautpaar selbst stammen. Solche Aussprüche, in einen Sketch oder ein Gedicht eingebaut, machen Ihren Text nicht nur einmalig, sondern auch für die Hochzeitsgäste spannender oder erheiternder.

Zitate und Sprichwörter eignen sich hervorragend als Ideenlieferanten. In den Texten selbst sind sie, wenn sie nicht mehr dem modernen Sprachgebrauch entsprechen, mit Vorsicht zu genießen. Sie müssen dann nämlich als solche kenntlich gemacht werden, wodurch der Spielfluss gehemmt werden könnte. In »Die Hand Ihrer Tochter, bitte« finden Sie ein Beispiel, wie das Zitat »Drum prüfe, wer sich ewig bindet« als Zitat kenntlich gemacht werden kann.

Wenn Sie einen alten Witz verwenden, dann verraten Sie das ruhig. Aber bitte nicht mit den Worten: »Kennt ihr den?«. In »Warum?« finden Sie eine bessere Lösung.

Es gibt Sketche, die verhältnismäßig wenig Text enthalten, trotzdem aber eine gewisse Länge haben. Das klassische Beispiel ist der Sketch von Loriot, dessen Text aus dem einen Satz besteht: »Das Bild hängt schief.« Dieser Satz ist die Pointe, obwohl kein anderes Wort vorausgegangen war. Es wurde lediglich beim Versuch, das Bild gerade zu hängen, die Zimmereinrichtung demoliert. Das stumme Spiel kann also ein wichtiges Element eines Sketches sein.

»Brautwerbung« und »Der Kalender« enthalten stumme Rollen, wobei den Mitwirkenden in »Brautwerbung« bekannt ist, was sie zu tun haben. Auch hier gibt es wieder ein Beispiel dafür, wie man ein bekanntes Zitat unter Nennung der Herkunft verwenden kann.

Ob dieser Text so, wie er in diesem Buch geschrieben steht, verwendet werden sollte, hängt von der Hochzeitsgesellschaft ab. Er enthält einige Fremdworte und auch einige Satzkonstruktionen, die heute ungebräuchlich sind. Hier sind Anpassungen und Änderungen eventuell zweckmäßig. Weitere Szenarien können natürlich erfunden werden. Achten Sie aber im Interesse der Gesamtwirkung darauf, dass Ihr Programm nicht zu lang wird.

In »Der Kalender« wissen sechs Darsteller vorher nicht, was sie zu tun haben. Ja, sie wissen nicht einmal, dass sie überhaupt beteiligt werden. Es ist üblich, dem Brautpaar zur Finanzierung der Hochzeitsfeier einen Umschlag mit Geld als Geschenk zu überreichen. Da dieses Geschenk zwar zweckmäßig, aber nicht übertrieben originell ist, möchte man es vielleicht individuell, aber trotzdem kostengünstig anreichern. Dazu bietet sich ein Kalender an, in den man selbst Bilder einkleben kann (gibt es zu kaufen, kann man an einem PC aber auch selbst herstellen) und eine Polaroid-Kamera mit Stativ und Blitzlicht (man achte auf genügend Filmmaterial).

Dass im Laufe der Handlung Improvisationen nötig werden, liegt auf der Hand, denn die »Opfer« des Fotografen werden mit größter Wahrscheinlichkeit Einwürfe machen oder Kommentare abgeben. Insofern kann der Text nur als eine Reihe von Beispielen angesehen werden. Ob Sie die Ideen dieses Buches oder eigene Einfälle verwenden, ist natürlich völlig egal. Sie müssen nur für den Kalender, den Sie am Ende dem Brautpaar überreichen, die richtige Anzahl gelungener Fotos haben.

Falls Sie den Kalender selbst am PC herstellen, muss er nicht unbedingt mit dem Januar anfangen und mit dem Dezember enden. Besser ist es, er fängt mit dem auf die Hochzeit folgenden Monat an und endet mit dem Monat, in den der erste Hochzeitstag fällt. Dieser kann markiert sein, damit er nicht vergessen wird.

TAKT UND ANSTAND

Nein, dies wird kein Konkurrenzunternehmen für Herrn Knigge. Ein paar Worte seien aber doch zu diesem Thema gesagt.

Denken Sie immer daran, dass Braut und Bräutigam die Hauptpersonen des Tages sind. Während Sie einen Sketch spielen, stehen natürlich trotzdem Sie im Mittelpunkt, aber nach dem Ende Ihrer Darbietung sind auch Sie nur noch einer unter vielen. Wenn Sie einen Sketch wählen, der in die Überreichung eines Geschenks mündet oder der damit endet, dass Sie dem Brautpaar noch einmal gratulieren, schaffen Sie es problemlos, das Brautpaar wieder in den Mittelpunkt zu stellen.

Nun aber wie versprochen zu Sex und Erotik, zu den vermeintlich schmutzigen Dingen des Lebens. Sex gehört lebensnotwendig zum Leben dazu, denn er sichert das Überleben der Art. Ohne Sex gäbe es uns alle nicht. Also sind Sex und Erotik wesentliche Bestandteile des Lebens und deshalb auch wesentliche Bestandteile vieler Sketche. Wie detailliert darf man dieses Thema nun aber in Sketchen ausbreiten?

Wenn Sie beim Spielen selbst rot werden, stört das Ihre Darbietung. Stoßen Sie also bitte nicht an Ihre eigene Schamgrenze, denn der Sketch zur Hochzeit ist keine Mutprobe. Wählen Sie einen Text, den Sie für die Gesellschaft als passend ansehen, oder entschärfen Sie einen Text, den Sie gerne spielen würden, der Ihnen aber zu »unanständig« erscheint. Der Sketch »Achtundsechziger« ist ziemlich direkt, denn das Brautpaar wird im Geiste entkleidet, damit es bereit ist für die zu einer Hochzeitsnacht gehörenden Aktivitäten. Kürzen und ändern Sie diesen Text, wenn er Ihnen zu scharf ist. Wie weit Sie das Brautpaar entkleiden, bleibt schließlich Ihnen überlassen.

Wenn Ivonne in »Schwiegerpapa« um die Hand von Horst anhält, umschmeichelt sie ihren zukünftigen Schwiegervater. Dieser Sketch wirkt umso intensiver, je erotischer Ivonne spielt. Achten Sie aber darauf, dass Sie die unsichtbare Grenze des guten Geschmacks nicht überschreiten. Manch einer empfindet bereits den Satz »Man fängt doch nicht gleich mit dem Sex an«, den Ivonne zu sprechen hat, als geschmacklos. Wenn Sie Bedenken haben, dass Sie mit ihm anecken könnten, sagen Sie besser: »Man fängt doch nicht gleich mit der Erotik an.« Es ist merkwürdig, aber an der Erotik stört sich kaum einer, der sich aber über Sex empört.

BINATIONALE EHEN

»Ist es nicht wunderbar, dass heute eine Sächsin den Mut gefunden hat, die nationale Inzucht abzulehnen, indem sie einen Bayern geheiratet hat, mit dem sie frisches Blut für ihr Heimatland zeugen will?« So oder ähnlich könnte man einen Sketch zum Thema »binationale Ehe« einleiten. Es ist noch gar nicht so lange her, dass eine Ehe mit sächsischer und bayerischer Beteiligung binational war. Mit eben diesem Satz können Sie einen Deutschen mit einer Portugiesin verheiraten, was heute noch als

binational angesehen wird. Aber durch das Zusammenwachsen der europäischen Staaten wird auch diese Ehe wie die sächsisch-bayerische einmal eine nationale Ehe sein, wenn auch in ferner Zukunft. Aber dann bleiben uns ja immer noch die Kontinente als Nationen.

Mit einer solchen Einleitung haben Sie eine gewisse Skepsis erzeugt, aber auf jeden Fall auch Aufmerksamkeit erregt, Skepsis deswegen, weil nicht jeder wissen kann, ob Sie staats- und kulturübergreifende Ehen gut finden oder eher ablehnen. Die etwas freche Wortwahl lässt beide Möglichkeiten offen. Aber aus eben dieser Frage entsteht auch die Aufmerksamkeit.

»Ich will damit nicht sagen, dass deutsch-deutsche Ehen nicht wunderbar sein können, ich führe schließlich selbst eine.« Jeder Zuschauer freut sich, wenn er sich bestätigt sieht, also sichern Sie sich mit diesem zweiten Satz das Wohlwollen aller. Er stellt nämlich die binationale und die nationale Ehe auf ein und dieselbe Stufe.

»Mut brauchte er/sie aus politischen Gründen.« Nun haben Sie Ihr Publikum verwirrt. Es fragt sich jetzt wahrscheinlich: Sind wir hier auf einem Parteitag oder einer Hochzeit? Diese leichte Irritation nutzen Sie mit: »... denn es ist schließlich die Politik, die die unmenschlichen bürokratischen Hindernisse aufgebaut hat, die wir euch in einem kleinen Sketch zeigen möchten.« Das Publikum ist erleichtert, nicht noch eine Rede ertragen zu müssen, und mit Ihnen einer Meinung, dass die Bürokratie unmenschlich ist. Sie können fast sicher sein, dass Sie nun mit dem Sketch »Internationale Verwicklungen« die volle Aufmerksamkeit der Hochzeitsgesellschaft haben.

Dieser Sketch kann nur beispielhaft sein, denn die Voraussetzungen für eine Eheschließung sind nicht weltweit gleich. Für die Hochzeit, zu der Sie eingeladen sind, waren wahrscheinlich andere Dokumente nötig, die Sie dann aber auch verwenden sollten. Wenn Sie nicht wissen, welche das waren, müssen Sie nicht unbedingt das Brautpaar fragen, das Sie ja mit Ihrem Sketch über-

raschen wollen. Fragen Sie einfach beim Standesamt, welche Dokumente für eine Eheschließung zwischen einem Deutschen und einer Polin benötigt werden. Wenn Sie sich bei der Anfrage auf das aktuelle Brautpaar beziehen, erhalten Sie, wenn Sie Pech haben, keine Auskunft, weil der Standesbeamte befürchtet, den Datenschutz zu verletzen.

Braucht man eigentlich bei Hochzeiten, bei denen Braut und Bräutigam verschiedene Staatsangehörigkeiten haben, besondere Sketche? Tun es nicht auch die altbekannten? Muss man Politik, Kultur und Brauchtum des Auslandes im Sketch verwenden? Man muss nicht – auf einer Hochzeit muss man als Gast gar nichts, nicht einmal einen Sketch spielen. Man darf aber, und man darf dabei die Staatsangehörigkeiten des Brautpaares zum Thema nehmen. Wenn man das tut, sollte man aber auf Korrektheit achten, besonders dann, wenn es um die fremde Kultur geht. Falsch interpretierte fremde Religionen oder verfälscht dargestellte Brauchtümer können die Stimmung einer Feier trüben, wenn nicht sogar vergiften. Spielen Sie bitte den Sketch »So eine wie ich« nicht für eine Muslimin, die in ihren Traditionen lebt. »Sprachlos« geht hingegen fast immer.

Nun aber genug der Theorie. Wählen Sie sich einen Text, der Ihnen gefällt, ändern Sie ihn nach Herzenslust und haben Sie selbst Freude an Ihrem Spiel. Zeigen Sie, dass es Ihnen Spaß macht. Sie werden es erleben: Dieser Spaß, den Sie selbst empfinden, wird sich auf Ihr Publikum übertragen.

Das Brautpaar existiert nur als Ehepaar seit heute, als Einzelpersonen haben die beiden eine Geschichte. Was liegt also näher, als die Vergangenheit unter die Lupe zu nehmen? Ähnlichkeiten mit anwesenden Personen sind natürlich rein zufällig.

SCHNUCKIPUTZI UND SCHNUCKELCHEN

Personen:	Ein Brautpaar, eine Mitarbeiterin der örtlichen Presse
Dauer:	Fünf Minuten
Mobiliar:	Schreibtisch, ein bis zwei Stühle
Requisite:	Keine
Ton:	Öffnen und Schließen einer Tür, bevor Bräutigam bzw. Braut die Szene betritt. Klappern von Schreibmaschinen während des Spiels

Eingangsszene: Einige Tage vor der Hochzeit gibt der Bräutigam bei einer Mitarbeiterin der örtlichen Presse die Hochzeitsanzeige auf. Die Mitarbeiterin spricht die einleitenden Worte an einem Tisch stehend zu den Hochzeitsgästen.

Presse

Zu einer Hochzeit gehört es natürlich, dass diese in der Presse breitgetreten wird. Für eine entsprechende Nachricht steht mein Arbeitgeber, der Leiter der Lokalnachrichten unserer Zeitung, gerne zur Verfügung. Er veröffentlicht sie dann in der Spalte »Familiennachrichten« gegen Gebühr. Ich habe die ehrenvolle Aufgabe, solche Familienanzeigen anzunehmen nebst der freudvollen Pflicht, die dafür fällige Gebühr in Empfang zu nehmen, anzumahnen oder beizutreiben, je nachdem, wie es so kommt. So kam vor wenigen Tagen der hier anwesende

Bräutigam zu mir. Da er sich an den genauen Wortlaut unseres Gesprächs wohl kaum noch erinnern wird – im siebenten Himmel lassen Gehör und Gedächtnis sehr zu wünschen übrig – spielen wir die Szene einfach mal für euch nach. Der Bräutigam wird gespielt von seinem Freund Martin, die Braut spielt ihre Schwester Katrin. *(setzt sich, der Bräutigam tritt hinzu)*

Bräutigam

Guten Tag.

Gleichfalls, was kann ich für Sie tun?

Ich bin so glücklich.

Schön für Sie, aber was kann ich für Sie tun?

Wenn Sie bitte mein Glück veröffentlichen könnten.

Presse

Haben Sie im Lotto gewonnen?

Was geht Sie das an?

Na ja, wenn ich Ihr Glück veröffentlichen soll?

Ach so, ja, natürlich, dann muss ich es Ihnen ja sagen.

Also sagen Sie es.

Aber eigentlich soll es ja vor Samstag niemand wissen.

Also in der Samstagsausgabe.

Ja.

Und was?

Das soll doch vor Samstag niemand wissen, auch Sie nicht.

Hören Sie, wenn Sie es mir nicht sagen, erfährt es am Samstag auch niemand anderes.

Das wäre aber schade. Könnte ich Ihnen nicht einen verschlossenen Umschlag geben?

Verschlossene Umschläge können wir nicht veröffentlichen.

So. Na gut, weil Sie es sind, unter dem Siegel der Verschwiegenheit, ich heirate am Samstag.

Herzlichen Glückwunsch, und wen heiraten Sie, bitte?

Meine Braut natürlich.

Natürlich. Welchen Namen darf ich eintragen? Presse

Für wen?

Für Ihre Braut.

Schnuckiputzi.

Den offiziellen, bitte.

Ach so. Entschuldigen Sie. In der Öffentlichkeit nenne ich sie Liebling. Bräutigam

Liebling.

Ja, Liebling.

Und wie heißen Sie?

Meistens Schnuckelchen.

Schön für Sie, aber ich kann doch nicht in die Anzeige schreiben: »Schnuckelchen heiratet Schnuckiputzi«.

Doch, das könnten Sie, und wenn ich die Anzeige bezahlen würde, würden Sie es auch tun.

Natürlich, aber das kann doch nicht in Ihrem Sinne sein. Am Samstag soll doch jeder von Ihrem Glück erfahren.

Ja klar, aber wer Schnuckelchen und Schnuckiputzi kennt, der wird es erfahren, und den Rest der Welt geht es nichts an.

Wie Sie wollen, aber am Samstag werden sieben Schnuckelchen und neun Schnuckiputzis heiraten, von denen sechs in der Öffentlichkeit »Liebling« heißen. Vier der neun Schnuckiputzis werden von Mäusebärchen geheiratet, weitere vier von Schmuselöwchen und eine von einem gewissen Schnuckelchen.

Das bin ich.

Nee, das ist Ihr Vorgänger.

Wer, bitte?

Ihr Vorgänger.

erbost

Na, mein Schnuckiputzi soll mir unter die Augen kommen, von wegen Vorgänger!

Aber Schnuckelchen war doch nicht Ihr Vorgänger bei Ihrem Schnuckiputzi, der war hier in der Anzeigenannahme Ihr Vorgänger.

immer noch sauer

Und hat eine Anzeige aufgegeben, dass er mein Schnuckiputzi am Samstag heiraten will.

Nein, der hat selbst ein Schnuckiputzi.

Bräutigam

Ach so. Dann wird am Samstag also eine Anzeige erscheinen, in der steht »Schnuckelchen heiratet Schnuckiputzi«?

Ja.

Dann kann ich mir die Anzeige ja eigentlich sparen.

Presse

Aber ich bitte Sie, gönnen Sie Ihrem Schnuckiputzi denn keine eigene Anzeige?

Wenn Sie so fragen, doch, doch, eine Anzeige ist sie mir Wert, aber zweimal dasselbe?

Dann sollten Sie vielleicht doch Ihren richtigen Namen verwenden.

Also gut, Ivonne heiratet Horst.

Ein Gedicht?

Ja, Schnuckiputzi ist ein Gedicht, und was für eines.

Nein, ich wollte wissen, ob ein Gedicht in die Anzeige soll.

Wieso das denn? Auf unsere Hochzeit soll sich jeder selbst einen Reim machen.

Hallo, Schnuckelchen. — Braut tritt hinzu

Hallo, Schnuckiputzi. — beide umarmen sich

Was machst du denn hier?

Ich gebe gerade unsere Hochzeitsanzeige auf. — **Bräutigam**

Aber Schnuckelchen, das habe ich doch längst getan.

Das hättest du mir sagen sollen, Schnuckiputzi.

Es sollte doch eine Überraschung werden. — **Braut**

Und was steht in deiner Anzeige drin?

Schnuckelchen heiratet Schnuckiputzi.

FUSION

Sie können das Gespräch an beliebigem Ort stattfinden lassen. Es wirkt allerdings an einem Tisch, auf dem sich einige Utensilien eines Schreibtisches befinden, besser als zum Beispiel stehend gespielt. Sie sollten beim Vortragen des Sketches einen Taschenrechner verwenden – es sei denn, man nimmt Ihnen die Fähigkeit ab, die im Text enthaltenen Aufgaben im Kopf zu lösen. Die Geschäftsmäßigkeit darf durchaus übertrieben werden!

Personen:	Er und Sie, beide um die 30
Dauer:	Vier Minuten
Mobiliar:	(Schreib-)Tisch und zwei Stühle
Requisite:	Schreibtischutensilien, Taschenrechner
Ton:	Nicht zu empfehlen

Eingangsszene: Er und Sie sitzen sich gegenüber. Zwischen ihnen auf dem Tisch liegt der Taschenrechner.

Er Nachdem wir uns nun seit drei Jahren kennen, sollten wir über eine Fusion nachdenken.

Sie **Richtig, dazu sind natürlich noch einige Fragen zu klären.**

Selbstverständlich. Es ist unsinnig, eine Ehe einzugehen, wenn sie nicht nötig ist oder zumindest zweckmäßig erscheint.

Völlig klar. Also gehen wir mal die einzelnen Punkte durch. Durch die gemeinsame Veranlagung bei der Einkommenssteuer sparen wir pro Jahr etwa 4.000 Euro.

Die zweite Miete entfällt, das bringt pro Jahr 7.200 Euro.

Natürlich nur, wenn wir eine gemeinsame Wohnung beziehen.

Und zwar die billigere, also deine.

Einverstanden. Statistisch gesehen haben wir noch fünfzig Jahre zu leben. Mithin erspart uns die Eheschließung zirka 560.000 Euro.

Die 60.000 Euro werden wir für die Hochzeitsfeierlichkeiten einschließlich Silberne und Goldene Hochzeit im Laufe der fünfzig Jahre einsetzen müssen. Gehen wir besser von 500.000 aus.

Na gut. Bei dem Gewinn würde ich sagen, einer Vereinigung wäre in finanzieller Hinsicht zuzustimmen. Klären wir als Nächstes, ob die Tagesabläufe koordinierbar sind.

In Ordnung. Wann stehst du morgens auf, wann gehst du ins Bad, wie lange bleibst du drin, wann frühstückst du, wann gehst du aus dem Haus?

Um halb sieben, um zwanzig vor sieben, 25 Minuten, zehn nach sieben, halb acht.

Das würde bedeuten, dass ich zehn Minuten früher aufstehen müsste als bisher.

Gut, ich nehme an, wir essen beide in der Firma?

Richtig.

Wie sieht dann dein Abend aus?

Ankunft achtzehn Uhr dreißig, dann Zeitung lesen, neunzehn Uhr fünfzehn duschen, neunzehn Uhr dreißig Abendessen, zwanzig Uhr Tagesschau, dann zur freien Verfügung. Zweiundzwanzig Uhr dreißig ins Bett.

O. k., das ergibt für mich eine Verschiebung um fünfzehn Minuten. Damit haben wir also gemeinsam einen Verlust von fünfundzwanzig Minuten täglich. Das sind bei zirka zweihundert Arbeitstagen im Jahr 5.000 Minuten. Sie

Macht in fünfzig Jahren 250.000 Minuten oder umgerechnet 4.166 Komma 6 Periode Stunden.

Die wir auf 4.000 Stunden abrunden sollten, denke an eventuelle Krankheitstage.

Gut. Da durch die ersparten 500.000 jede verlorene Stunde rechnerisch mit 125 Euro vergütet wird, steht der Ehe auch aus organisatorischen Gründen nichts im Wege. Er

Richtig. Nachdem wir nun wissen, dass nichts gegen eine Ehe einzuwenden ist, sollten wir feststellen, was dafür spricht.

Erste Frage: Bist du schwanger?

Nein.

Dann fällt das als Grund schon mal aus.

Ich könnte es aber in Erwägung ziehen.

Wir kommen eventuell darauf zurück, wenn uns nichts Besseres einfällt. Nächste Frage: Langweilt dich das Fernsehen?

Ja.

Pluspunkt. Kannst du kochen?

Ja.

Pluspunkt.

Würdest du lieber zu Hause essen als in der Kneipe?

Ja.

Pluspunkt. Schläfst du gern allein?

Er Nein.

Pluspunkt. Wärst du bereit, mich im Sinne der ins Auge gefassten Schwangerschaft zu unterstützen?

Aber gern.

Sie **Zwei Pluspunkte.**

Würdest du es auf die eine Schwangerschaft beschränken wollen?

Nicht unbedingt.

Pluspunkt.

Würdest du bei jedem Mal eine Schwangerschaft anstreben?

Nicht unbedingt. Ab und zu eine Trockenübung wäre schon in Ordnung.

Dann sollten wir uns nun ineinander verlieben.

Warum das denn?

Ohne Liebe heirate ich nicht.

Ja, glaubst du etwa, ich hätte mit dir diesen ganzen Blödsinn berechnet, wenn ich dich nicht längst lieben würde und wenn ich nicht sicher gewesen wäre, von dir geliebt zu werden?

Natürlich nicht, Liebling. ***(an die Hochzeitsgäste gewandt)*** **Habt ihr uns unser Spiel etwa geglaubt?**

Personen: Ivonne und Horst, 25-30 Jahre
Dauer: Drei Minuten
Mobiliar: Beliebig
Requisite: Keine
Ton: Nicht zu empfehlen

Eingangsszene: Ivonne und Horst befinden sich an einem beliebigen Ort - auf einer Couch? am Badestrand? beim Spaziergang? Sie sind noch nicht verheiratet.

Ivonne

Liebling?

Horst

Ja, mein Engel?

Liebling, würdest du mich heiraten?

Na, wen denn sonst, mein Engel.

Woher soll ich wissen, wie groß deine Auswahl ist?

Aber daran besteht doch überhaupt kein Zweifel, wenn ich heirate, dann dich.

Schön, wann?

Warum denn so eilig, meinst du, wir haben es dann schöner?

Nein, aber öfter.

Ach so, ja, so mit eigener Wohnung, eigener Küche...

Und eigenem Schlafzimmer, genau.

Na ja, dann wollen wir mal anfangen, unsere Verhältnisse zu klären.

Du sollst deine Verhältnisse nicht klären, sondern beenden, mein Lieber.

Ach, bin ich schon von »Liebling« zu »mein Lieber« abgestiegen?

Entschuldige, mein lieber Liebling. Aber du sollst keine Verhältnisse haben neben mir.

Horst **In solchen Fällen würdest du auch bestimmt nicht daneben liegen.**

Mit anderen Worten, du willst mich nicht heiraten?

Doch, das will ich.

Ivonne Das kannst du aber nicht, wenn du ein Verhältnis hast. Hast du ein Verhältnis?

Nein.

Wie viele denn?

Überhaupt keins.

Schade, aber dann kannst du mich auch nicht heiraten.

Bitte?

Weil du entweder ein Lügner bist oder keinerlei Erfahrung hast.

BIS DASS DER TOD EUCH SCHEIDET

Personen: Das Brautpaar Ivonne und Horst, ein Pfarrer
Dauer: Drei Minuten
Mobiliar: Tisch oder Schreibtisch und drei Stühle
Requisite: Keine, aber Bibel empfohlen
Ton: Glockenläuten zu Beginn der Szene. Ein Kirchenlied kann leise zu hören sein, Türgeräusch

Eingangsszene: Die Brautleute Ivonne und Horst kommen zum Vorgespräch ihrer Trauung ins Büro oder Wohnzimmer des Pfarrers.

Pfarrer ***Treten Sie doch bitte näher und nehmen Sie Platz.***

Horst **Ja, danke.**

Ivonne Danke sehr, Hochwürden.

beide setzen sich

Sie haben sich also entschlossen, mit Gottes Hilfe Ihren weiteren Lebensweg gemeinsam zu gehen.

So ist es.

haucht mehr als sie spricht

Ja.

Das brauchst du erst bei der Hochzeit zu sagen.

Es ist nicht falsch, wenn sie auch jetzt schon von ihrem Schritt überzeugt ist, mein Sohn.

Ivonne

Eben, das sehe ich genauso, Hochwürden.

Sie sind beide unverheiratet?

Ja.

Waren auch nie verheiratet?

Nein.

Doch.

Mein Beileid.

Wieso?

Pfarrer

Sie können doch nur das Sakrament der Trauung ein zweites Mal empfangen, wenn Ihr erster Mann verstorben ist.

Ist er aber nicht.

Sie hatten aber doch vor Gott geschworen, Ihren ersten Mann zu lieben, bis dass der Tod euch scheidet.

Horst

Ja, aber so war es doch auch, Hochwürden.

Mein Sohn, Ihre Verlobte hat soeben angegeben, dass ihr erster Mann noch lebt. Sie selbst lebt offensichtlich auch noch.

Und dennoch, Hochwürden, ich habe den Schwur gehalten. Bis dass der Tod uns scheidet.

Das ist unmöglich.

Aber warum denn?

Verstehe ich auch nicht.

Pfarrer ***Wenn der Tod eine Ehe scheidet, dann ist einer der beiden Ehepartner tot und der andere verwitwet.***

Ivonne Bei mir ist das anders.

Ich wüsste nicht, dass Gott hier eine Ausnahme zulässt.

Horst **Aber der Tod hat sie geschieden.**

Genau. Der Tod.

etwas entnervt ***Der Tod, der euch beide am Leben ließ.***

Sie kennen ihn?

ziemlich am Ende seiner Kräfte ***Nein, ich kenne ihn nicht.***

Es war der Scheidungsrichter meiner Heimatstadt. Er heißt Tod, Waldemar Tod.

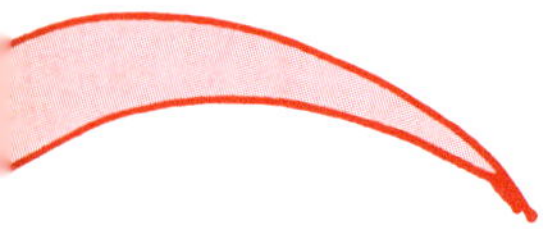

Und somit haben wir auch gar keine Bedenken, wenn wir wieder Ja sagen, wenn Sie uns fragen …

Beachten Sie bitte bei Änderungen oder Erweiterungen des Textes, dass der Begriff »Aufgebot« seit April 1998 überholt ist. Er wird aber sicher noch einige Jahre im Sprachgebrauch bleiben.

Personen:	Ein Brautpaar, 25 - 30 Jahre
Dauer:	Drei bis vier Minuten
Mobiliar:	Zwei Stühle
Requisite:	Keine
Ton:	Dumpf, wie durch eine geschlossene Tür die Worte der Trauungszeremonie: »Ja, ich will. - So erkläre ich Sie denn für Mann und Frau. Herzlichen Glückwunsch. - Danke. Vielen Dank.«, bevor die Braut die Szene betritt

Eingangsszene: Er sitzt vor dem Zimmer des Standesbeamten auf einem der Stühle, sie kommt dazu.

Oh, hallo Liebling, du bist schon da? *Er steht auf, galant*

Du bist ja auch schon da.

Ich hatte gehofft, noch mit dir reden zu können, bevor wir unseren Termin haben. Er

Ich auch. *(beide setzen sich, verliebt)* **Sie**

Und wir wollen wirklich jetzt das Aufgebot bestellen?

Vielleicht.

Das ist schön.

Ich sagte: »Vielleicht.«

Das ist weniger schön.

Vielleicht ja.

Das wäre sehr schön.

Vielleicht nein.

Das wäre gar nicht schön. Der Standesbeamte wird uns gleich hineinbitten.

Deswegen sind wir ja hier.

Wir werden doch hineingehen?

Sie

Vielleicht.

Also, ich werde hineingehen.

Allein?

Natürlich nur, wenn du mitkommst, du kommst doch mit?

Vielleicht.

Er

Liebling, wir waren uns doch einig, dass wir heute das Aufgebot bestellen wollen.

Vielleicht habe ich meine Meinung geändert?

Aber warum?

Vielleicht habe ich sie auch nicht geändert?

leicht gereizt

Hast du oder hast du nicht?

Nicht in diesem Ton bitte.

Entschuldige, aber ich dachte, dass ich derjenige wäre, den du dir schon immer gewünscht hast.

Vielleicht.

Liebling, bitte!

Vielleicht bist du's wirklich, aber eine Frage hätte ich schon noch. Warum glaubst du, dass ausgerechnet du der Richtige für mich bist?

Wer denn sonst?

Das Argument ist etwas dürftig.

Wie? Na ja, warum sollte ich nicht der Richtige sein? Du magst mich doch.

Schon, aber ich mag zum Beispiel auch meinen Hamster.

Ich kann eine Familie ernähren, ich verdiene nicht schlecht.

Dein Chef verdient mehr.

Aber ich bin umgänglich und verträglich. Ich vertrage mich sogar mit meiner zukünftigen Schwiegermutter. Er

Das tut mein Vater auch. ***(kurze Pause)*** **Meistens.**

Ich bin sehr geschickt, so kleine Reparaturen im Haushalt und so.

Einen Klempner könnte ich mir leisten. Sie

Ich trinke nicht, ich rauche nicht, und ich bin unterhaltsam.

Eigenschaften, die mein Fernseher auch hat.

Ich kann sehr gut kochen, lass uns jetzt hineingehen, bitte.

Vielleicht.

Aber Schatz, Liebling, ich liebe dich doch!

O. k., das ist es, lass uns hineingehen.

DIE SCHWANGERE JUNGFRAU

Personen:	Ein Brautpaar, 25 – 30 Jahre
Dauer:	Vier bis fünf Minuten
Mobiliar:	Tisch, zwei Stühle
Requisite:	Zwei Weingläser, Gästeliste und Schreibstift
Ton:	Nicht zu empfehlen

Eingangsszene: Das Brautpaar sitzt am Tisch.

Damit ist dann auch die Gästeliste für unsere Hochzeit komplett. Wir wären also fertig, wenn es da nicht noch ein kleines Problem gäbe. Er

Bitte nicht noch mal alles von vorne. Wenn du die ganze Organisation noch mal machen willst, dann verzichte ich auf die Hochzeit. Sie

Das brauchst du nicht, es geht nur noch darum, dass meine Eltern neun Monate nach der Hochzeit einen Enkel erwarten.

Das dürfte doch wohl kein Problem sein, da haben wir ja 36 Wochen Zeit.

Ja, zum Austragen, aber nicht zur Zeugung. Neun Monate nach der Hochzeit muss der Enkel da sein.

Soll das heißen, deine Eltern erwarten eine Hochzeitsnacht mit Produktionsgarantie?

Ich fürchte, darauf läuft es hinaus.

Sie

Das geht nicht, nach Hochzeiten habe ich immer Kopfschmerzen.

Bitte?

Kopfschmerzen.

Das habe ich verstanden, ich meine, wie viele Hochzeiten hast du denn schon hinter dir?

Weiß ich nicht so genau, so acht bis zehn, glaube ich.

Er

Und jetzt willst du zum neunten bis elften Mal heiraten? Was hast du eigentlich mit deinen ersten acht bis zehn Männern gemacht?

Mit welchen acht bis zehn Männern?

Na ja, die müssen doch irgendwo geblieben sein.

Ach du Dummchen, das waren doch nicht meine Hochzeiten, da war ich nur Gast oder habe Blumen gestreut.

Oder warst Brautjungfer?

Auch. Aber diesmal bin ich zum ersten Mal nur Braut.

Also nicht mehr Jungfer?

Diese Frage ziehst du zurück, sonst ziehe ich das Heiratsversprechen zurück.

O. k., dann bist du also von der Brautjungfer zur Jungfer Braut geworden.

Und das bleibe ich auch bis zur Hochzeit.

Ja, einverstanden, ich bin ja auch dafür, dass man jungfräulich in die Ehe geht. Er

So bin ich nun mal erzogen, und so erwarten es meine Eltern. Und nun kommt das Problem: An unserem Hochzeitstag wird das mit der Schwangerschaft nichts, da steht die Natur dagegen.

Wann wäre es denn günstig?

Moment. 24 Tage später. *rechnet und zählt mit Hilfe der Finger*

Bist du wahnsinnig? Das geht nicht, das sind dann ja fast zehn Monate bis zum Enkel. Aber warte mal, *(rechnet so wie eben sie)* das würde ja bedeuten, dass vier Tage vor unserer Hochzeit auch günstig wäre.

Ja, aber das geht natürlich auf gar keinen Fall, denk an meine Eltern. **Sie**

Dann können wir nicht heiraten.

Moment, lass uns noch mal zusammenfassen: Vier Tage vor der Hochzeit könnte ich schwanger werden, darf aber erst nach der Hochzeit …

Und 24 Tage danach wäre es zu spät, also geht es nicht.

Wir könnten die Hochzeit verschieben.

Vier Tage vorverlegen oder 24 Tage später, und wenn wir Pech haben, hast du dann Kopfschmerzen. Außerdem ist alles festgelegt, den Termin kann man nicht mehr verschieben.

Ja, da hast du Recht. Dann gibt es nur eine Möglichkeit: Künstliche Befruchtung.

Bitte?

Künstliche Befruchtung. Da werde ich schwanger und bleibe Jungfrau.

Du glaubst doch wohl nicht, dass ich nach der Hochzeit eine schwangere Frau entjungfern will, oder?

Sie **Na ja, dann musst du eben neun Monate warten, dann ist deine Jungfrau nicht mehr schwanger.**

Und nach der jungfräulichen Geburt nenne ich dich dann Maria. Liebling, du spinnst.

Ich weiß, also, was können wir tun?

Er Wir könnten uns wie erwachsene Menschen verhalten.

Richtig, ich bekomme ein Kind, wenn ich es will.

Wir, mein Schatz, wir!

GRAMMATIK

Personen:	Die Brautleute Ivonne und Horst, ein Standesbeamter
Dauer:	Fünf Minuten
Mobiliar:	Schreibtisch und drei Stühle
Requisite:	Schreibtischutensilien
Ton:	Nicht zu empfehlen

Eingangsszene: Die Brautleute Horst und Ivonne sitzen dem Standesbeamten gegenüber.

Beamter ***Damit wären die Personalien dann so weit klar. Ich habe aber jetzt noch die Pflicht, Sie über den Sinn der Ehe und die Konsequenzen der Eheschließung aufzuklären.***

Horst **Klären Sie.**

zu Horst Moment mal, der will uns aufklären? Meinst du, dass ausgerechnet der uns noch was Neues erzählen kann?

Warum nicht?

Ivonne Weil er Beamter ist.

Dann sei so lieb und tu wenigstens so, als ob du was lernen würdest.

Na gut, vielleicht macht es ihn ja glücklich.

Sie sollen nicht mich glücklich machen, Fräulein Ivonne, sondern Ihren Gatten.

Deinen zukünftigen Gatten. *zu Ivonne*

Richtig, ja.

Kein Problem. Ich werde meinen zukünftigen Gatten begatten. Ivonne

Aber erst zukünftig, bitte, und dann unterlassen Sie in meiner Anwesenheit auch solch obszöne Begriffe wie …

Begatten?

Ja.

Moment. Begatten kommt von Gatte, und mit diesem Begriff haben Sie angefangen. **Horst**

Ja?

Ja.

Hm. Na gut, kommen wir zurück zum Thema. Was versprechen Sie sich eigentlich von der Eheschließung? ***Beamter***

Die Splittingtabelle.

Bitte?

Na, die Zusammenveranlagung für die Einkommenssteuer.

Aber Moment mal …

Sehen Sie mal, wenn wir uns zusammenlegen, um uns zu be …

Nicht wieder dieses Wort, bitte.

Gut, also, wenn wir uns zusammenlegen, warum sollen wir dann unsere Steuerpflicht nicht auch zusammenlegen?

Schon, aber der Sinn der Ehe ist doch nicht die Steuerersparnis.

Nein?

Nein.

Was dann?

Nun, nach der Eheschließung sind Sie dann Gattin und Gatte …

Jetzt haben Sie aber angefangen. Geben Sie jetzt nicht wieder uns die Schuld, wenn auch wir solch ein Wort …

Horst **Er mag nur das Verb nicht, Schatz.**

Ach, du meinst, Substantive mag er?

Sieht so aus.

Gut, dann lieben wir uns substantivisch, wir führen die Begattung aus.

Beamter ***Wollen wir bitte zum Ernst der Sache zurückkommen. Der Vollzug des Beischlafes ist nicht Thema dieses Gesprächs.***

Was war das? Vollzug des …

Das war Amtsdeutsch.

Ivonne Und tatsächlich lauter Substantive. *(zum Beamten)* Warum wird das eigentlich so substantivisch ausgedrückt?

Ja, also, wenn ich mir das recht überlege …

Aber Schatz, das ist doch ganz einfach.

Lass ihn doch mal.

Nun, äh, ja, also, Substantive drücken immer etwas Stabiles, Verlässliches, wie soll ich sagen, äh, Feststehendes aus.

Das hätte ich auch nicht besser erklären können.

Danke:

Und das tun Verben nicht?

Nein, das sind Zeitwörter, die drücken etwas Vergängliches aus.

Ach so, vergänglich, dann sind Verben vielleicht doch ...

Und deshalb bevorzugen wir Standesbeamte die Substantive, weil ja auch die Ehe etwas unvergänglich Ewiges ist. Beamter

Sein soll.

Na gut, sein soll.

Also mir ist das egal, ob es mit Verben oder mit Substantiven ausgedrückt wird, Hauptsache ist, es macht Spaß.

Aber ich bitte Sie.

Also gut, weil Sie es sind: Alles verbal, alles nur verbal. Ivonne

Na, dann ist es ja gut. Mir scheint, Sie wissen, welche Pflichten die Ehe Ihnen auferlegen wird.

Was meint er mit Pflichten? *zu Horst*

Aber Liebling, du weißt doch ... Horst

Na gut, aber wieso verwendet er dabei das Futur?

Weil ich von Ihrer gemeinsamen Zukunft rede.

Schön, dann nennen wir das in Zukunft eben:
Wir vollziehen unsere Pflicht.

In Gottes Namen, nennen Sie es, wie Sie wollen.

Ist das ein Angebot? Wie wir wollen? Dann sagen wir der Einfachheit halber wieder »begatten«.

Es hätte schlimmer kommen können.

SCHWIEGERPAPA

Personen:	Ivonne, Schwiegervater
Dauer:	Fünf Minuten
Mobiliar:	Wohnzimmer mit Lesesessel oder anderer Raum einer Wohnung
Requisite:	Keine, evtl. Zeitung für den Schwiegervater
Ton:	Leise Radiomusik, die aber das Gespräch nicht übertönen darf, anfangs Türgeräusche

Eingangsszene: Der Schwiegervater wird in seiner Wohnung vom Hereinkommen seiner künftigen Schwiegertochter Ivonne überrascht.

Ivonne — Guten Tag, Schwiegerpapa.

Vater — **Bitte? Wer sind Sie?**

Ihre Schwiegertochter, Schwiegerpapa.

Aber ich kenne Sie doch gar nicht.

Das wird sich ändern, Schwiegerpapa.

Es wundert Sie hoffentlich nicht, mich etwas überrascht zu sehen.

Aber nein, Väter sind immer etwas überrascht, wenn man ihnen ihre Kinder wegheiraten will.

Das wundert mich nun eigentlich nicht so. Mich überrascht mehr, wie soll ich sagen, Ihr Auftreten befremdet mich.

Das beruht auf Gegenseitigkeit. Du hast ja noch nicht einmal meinen Gruß erwidert.

Wie?

Ich sagte: »Guten Tag, Schwiegerpapa.«

Ah, ja, guten Tag.

Ich möchte dich um deinen Sohn bitten.

Was möchten Sie?

Deinen Sohn.

Soll das heißen, dass Sie um seine Hand anhalten wollen?

Quatsch, was soll ich mit seiner Hand.

So nennt man das nun mal, aber müsste nicht eigentlich er bei Ihrem Vater um Ihre Hand anhalten?

Nö, warum?

Na ja, bisher war es doch so üblich, dachte ich. Vater

Ach, wegen der Konvention meinst du. Sehe ich etwa konventionell aus?

Ja, nun, äh, nein.

Du brauchst nicht verlegen werden, Schwiegerpapa, ich mag dich ja, siehst ja auch noch ganz gut aus für dein Alter.

Danke.

Ich würde dich als Schwiegervater akzeptieren. Ivonne

Da bin ich aber froh.

Na siehst du. Was ist nun, schließt du mich in deine väterlichen Arme und sagst »du« zu mir?

Also, offen gestanden hätte ich es umgekehrt doch lieber.

Auch gut. *(umarmt ihn, gibt ihm einen Kuss auf die Wange)* Herzlich willkommen in unserer Familie, Schwiegerpapa.

So hatte ich das nicht gemeint. *wehrt sich etwas*

Wie denn?

Mir wäre lieber, mein Sohn würde zu Ihrem Vater gehen, um um Ihre Hand – und meinetwegen auch um den Rest – anzuhalten und dann mit Ihnen zu mir zu kommen, um Sie mir vorzustellen.

O Gott, bis er sich dazu durchringt, ist er Rentner. Außerdem bin ich gleichberechtigt.

Emanzipiert?

Kann man so sagen.

Das tut mir leid.

Bitte?

Das tut mir Leid für meinen Sohn.

Muss es nicht, er weiß es ja.

Und er will Sie trotzdem heiraten?

Nein.

Nein?

Ivonne

Nein, er will mich nicht trotzdem heiraten, sondern er will mich deswegen heiraten.

Merkwürdig, er hat bisher einen ganz normalen Eindruck gemacht.

Aber Schwiegerpapa, er ist ganz normal. Jeder Junge scheut sich, zum Vater seiner Liebsten zu gehen.

Vater

Das war schon immer so.

Siehst du. Und dein Sohn hat nun das Glück, von mir geliebt zu werden und mich zu lieben, weil ich ihm diesen schweren Job abnehme.

Also gut, Sie wollen also meinen Sohn zum Mann?

Ja, Herr Müller.

Bitte? Nicht mehr Schwiegerpapa?

Nö, wir spielen jetzt das Ritual.

Und wenn ich das nicht kann? Schließlich habe ich mich als Vater eines Sohnes nicht auf so was vorbereitet.

Dann helfe ich ein bisschen. Also: Sehr geehrter Herr Müller, ich möchte Sie bitten, mir Ihren Sohn zum Mann zu geben.

Können Sie meinen Sohn denn glücklich machen?

Aber Schwiegerpapa, man fängt doch nicht gleich mit dem Sex an. Du musst mich jetzt erst mal fragen, wie ich heiße, ob ich aus guter Familie stamme, ob ich eine Familie ernähren kann, was ich gelernt habe, wie meine berufliche Zukunft aussieht, ob es Erbkrankheiten in meiner Familie gibt, ob ich Kinder mag und so weiter.

Na gut, nehmen wir mal an, das hätte ich Sie nun alles gefragt. Vater

Und das willst du wirklich alles wissen?

Nein, aber es war ja auch Ihre Idee.

Gut, dann nehmen wir an, ich hätte deine Fragen alle beantwortet. Ivonne

Eine noch nicht.

Nein? Welche denn?

Die Frage lautet: Lieben Sie meinen Sohn?

Ja!

Dann komm an meine Vaterbrust, Schwiegertochter. ***(beide fallen sich in die Arme)***

ACHTUNDSECHZIGER

Darsteller: Ivonne und Horst, ein Ehepaar in mittleren Jahren
Dauer: Vier bis fünf Minuten
Mobiliar: Wohnzimmer oder beliebiger Raum einer Wohnung
Requisite: Keine
Ton: Musik der Sechzigerjahre leise im Hintergrund

Eingangsszene: Das Ehepaar irgendwo in der eigenen Wohnung – am Tisch sitzend oder mit Hausarbeit beschäftigt stehend, nach Belieben.

Ivonne: Dass der Karl-Heinz noch mal wieder heiratet, wundert mich schon.

Horst: **Wieso das denn, so alt ist er doch noch nicht.**

Na hör mal, er als alter Achtundsechziger?

Auch Achtundsechziger haben bestimmte Bedürfnisse.

Aber einer, der zeitlebens nach der Devise lebt, wer zweimal mit derselben pennt, gehört schon zum Establishment ...

Deshalb ist er ja auch ein paar Mal ... Sag mal, wie oft ist er schon geschieden?

Was weiß denn ich, bin ich vielleicht seine Sekretärin, die seinen Terminkalender verwaltet?

Ja, na ja, und wie ich ihn kenne, will er von uns wieder was Lustiges bei seiner Hochzeitsfeier.

Du kennst ihn richtig, er hat mich schon gefragt.

Und? Was machen wir? Wir können doch nicht den Sketch vom letzten Jahr nehmen.

Greifen wir doch einfach seine Sponti-Sprüche von Achtundsechzig auf, du weißt doch: Freiheit für die Gummibärchen, weg mit den Plastiktüten.

Hm, findest du das originell?

Man kann es doch ändern, zum Beispiel so: Freiheit für die Unterwäsche, weg mit den Schranktüren.

Kennst du eigentlich seine Zukünftige?

Nein, noch nicht, aber ich kenne ihn und seine Verflossenen. Die Neue wird 18 Jahre alt sein, blond, gebärfreudiges Becken und großen …

So wird es sein, und du meinst, so ein junges Ding wird nicht rot, wenn wir über Unterwäsche reden? Horst

Weiß ich nicht, aber warum soll sie denn auch nicht rot werden?

Na ja.

Du, das ist es überhaupt. Wir testen sie mal leicht an. Wenn sie bei den Schranktüren noch nicht rot wird, dann guckst du sie so hypnotisch an, ja, du weißt schon, so, wie du mich immer anguckst, wenn du was willst, und dann sagst du: Freiheit für das Unterhöschen, weg mit dem Brautkleid.

Und wenn ich dann eher rot werde?

Kein Problem, dann gucke ich lächelnd auf die Glatze von Karl-Heinz und sage: Freiheit für die Kopfhaut, weg mit dem Haupthaar. Dann guckt dich niemand mehr an. Ivonne

Ich weiß nur nicht, ob man so etwas auf einer Hochzeitsfeier bringen kann: Weg mit dem Brautkleid.

Aber warum denn nicht? Jeder weiß, was in der Hochzeitsnacht üblicherweise zu geschehen hat. Und dass man dabei kein Brautkleid mehr trägt, weiß auch jeder.

Es weiß aber auch jeder, dass das, was zu geschehen hat, im Allgemeinen nicht geschieht, weil der Bräutigam besoffen ist.

Oder die Braut, ich weiß.

Oder beide. So eine Hochzeitsfeier ist im Grunde doch etwas sehr Unerotisches, die Gäste können nämlich danach auch nicht mehr.

Du hast völlig Recht, und deswegen müssen wir das ändern. Unser Sketch muss knistern vor Erotik. Also, wie weit sind wir? Sie steht nun immerhin schon in BH und Höschen da, jedenfalls in der Fantasie der Gäste.

Und er hat bisher nur eine Glatze. Jetzt musst du sehen, dass du ihn auch ausziehst.

Ivonne

Ach, weißt du, er ist schon mit Anzug keine ausgesprochene Schönheit.

Trotzdem, die Gleichberechtigung verlangt es, also zieh ihn aus.

Na gut. Schreitet der Bräutigam zur Attacke, stört die Hose ihn und auch die Jacke. Nun wieder du.

Äh, ja. Des Weibes Zier ist das Gesicht, nur sieht man's unterm Schleier nicht.

Das Hemd heißt Hemd, weil's hemmt. Oder sage ich lieber: Hinfort mit dir, du Hemd, du hemmst?

Horst

Das zweite regt die Fantasie der Gäste besser an.

Gut, das zweite. Jetzt haben wir sie also beide in der Unterwäsche. Ist der Pfarrer eigentlich auch eingeladen?

Weiß ich nicht, wieso?

Dann würde es noch besser wirken.

Das glaube ich nicht, es hat doch immerhin schon Hochzeiten an FKK-Stränden gegeben.

Aber nicht mit unserem Pfarrer.

Also gut, ziehen wir unser Brautpaar wieder an,

Unser Brautpaar?

Stimmt, das ist nicht unser Brautpaar.

an das Brautpaar

Ihr seid jung, ihr seid verliebt, ihr seid verheiratet, und ihr seid keine Achtundsechziger. Wir beide wünschen euch eine lange gemeinsame Zeit in Glück, Liebe und Harmonie.

Nicht, dass wir diesen Sketch eines schönen Tages wirklich spielen müssen. *ebenfalls an das Brautpaar*

DIE HAND IHRER TOCHTER, BITTE

Personen:	Die Brautleute Horst und Ivonne, Ivonnes Eltern
Dauer:	Sechs bis sieben Minuten
Mobiliar:	Wohnzimmermöbel
Requisite:	Keine
Ton:	Türklingel, Türgeräusche

Eingangsszene: Vater und Mutter sitzen im Wohnzimmer. Es klingelt. Die Mutter öffnet.

Horst

***(fällt vor ihr auf die Knie, streckt ihr einen Blumenstrauß entgegen, inbrünstig)* Geben Sie mir die Hand Ihrer Tochter!**

Mutter

(reicht ihm die Hand zum Gruß) Erst gebe ich Ihnen mal meine. Guten Tag.

steht auf

Äh, ja, entschuldigen Sie, guten Tag.

So, junger Mann, und nun mal ganz ruhig, was möchten Sie denn gern?

Ich möchte gern um die Hand Ihrer Tochter bitten.

Vater

Um ihre Hand, so, so.

Ja, ich habe mich in sie verliebt.

Hm.

verlegen

Ja.

Seltsam.

Bitte?

Na ja, was, glauben Sie, könnte die Hand meiner Tochter besser als Sie selbst?

Sie scheinen ja doch auch zwei gesunde Hände zu haben.

(betrachtet seine eigenen Hände) **Ja, schon, aber, äh, wissen Sie, es geht mir nicht eigentlich um die Hand.**

Vater ***Das habe ich mir gedacht, Sie wollen alles.***

Um der Wahrheit die Ehre zu geben: Ja.

Mit Haut und Haaren.

Auch darauf lege ich Wert, ja.

Mutter *Wir wollen nicht ins Detail gehen. Ich glaube, wir wissen alle, welche Körperteile unserer Tochter Sie am meisten ins Auge gefasst haben.*

Ja.

Da Sie nun aber etwas mehr wollen, als nur ins Auge fassen …

Horst **Nein, das ist es eigentlich nicht, aber …**

Glauben Sie denn, dass Sie Ivonne glücklich machen können?

Ivonne *(ist während des letzten Satzes hereingekommen, mit leuchtenden Augen)* O ja, das kann er, Mutti.

Das scheint also geklärt. Ich darf mithin annehmen, dass Sie meine Tochter lieben.

Unsere Tochter.

Na gut, unsere Tochter.

Woher weißt du eigentlich, dass Ivonne deine Tochter ist?

Äh, hattest du nicht mal so etwas angedeutet?

Bei der Geburt warst du jedenfalls nicht dabei.

Ja, ich weiß, das wirst du mir bei der Silberhochzeit noch vorhalten, dass ich mich gedrückt habe.

Na ja, dafür hast du dich ja bei den anderen ehelichen Pflichten nicht gedrückt.

Meinst du, dass das jetzt ein Thema ist?

Richtig, Vati, es geht jetzt nicht um euch, sondern um mich. — Ivonne

Um dich ging es bei deiner Geburt auch.

Eigentlich auch schon in der Nacht neun Monate vorher. — *schmunzelnd*

Mir scheint, du sprichst vom Akt der Zeugung. Meinst du, dass das jetzt der richtige Zeitpunkt ist?

Natürlich, wann denn sonst? Dein Verehrer wird ja wohl kaum etwas anderes im Sinn haben.

Ja, äh, wenn Sie das so sagen ... — **Horst**

Vati, bitte, Horst möchte ganz offiziell um meine Hand anhalten.

Also gut, dann wiederhole ich die Frage: Lieben Sie meine Tochter? — ***Vater***

Unsere!

Unsere Tochter.

Er will mich heiraten, Vati, deshalb sind wir hier im Wohnzimmer.

Und was ist mit der Liebe?

Wenn er mich lieben will, gehen wir natürlich in mein Zimmer.

Oder ins Hotel.

Das heißt mit anderen Worten ... — *Mutter*

Machen Sie sich keine Sorgen, es stört mich nicht, dass Ivonne keine Jungfrau mehr ist.

Nachdem Sie da ja wohl auch selbst für gesorgt haben, sollte es das auch nicht. Aber wenn Sie doch nun sowieso schon mit ihr, äh, ...

Den Akt der Zeugung, Vati.

Erfolgreich?

Bin ich blöd? Bevor ich von euch in der Stunde der Aufklärung erfahren hatte, wie man Kinder kriegt, wusste ich schon, wie man keine kriegt.

Horst

Es heißt doch: Drum prüfe, wer sich ewig bindet.

Der Satz ist aber nicht von Ihnen.

Ich halte mich trotzdem dran.

Der Dichter wollte aber wohl aussagen, dass der, der sich zu binden gedenkt, sich selbst prüfen sollte, nicht seine zukünftige Partnerin.

Ivonne

Ach Gott, Vati, das eine schließt das andere doch nicht aus.

Vater

Also, warum wollen Sie Ivonne heiraten, wenn Sie ohnehin schon mit ihr intim sind?

Ganz einfach, ich will sie nicht mehr nur leihweise.

Mutter

Das ist ja doch immerhin löblich.

Aber ziemlich unverständlich.

Nein, das ist ganz normal. Ich habe mir früher öfter mal ein Auto geliehen. Kein Vergleich zum eigenen.

Und was hat das nun mit Ivonne zu tun?

Ganz einfach: Mit Frauen ist das genauso, wie mit Autos. Bei den geliehenen muss man immer höllisch aufpassen, dass nichts passiert.

Und deshalb wollt ihr heiraten.

Ja, Vati.

Unbedingt.

Wir planen nämlich einen kleinen Verkehrsunfall.

Und damit der in neun Monaten zu einem freudigen Ereignis wird …

Sollte er im Ehebett stattfinden.

WARUM?

Dieser Sketch lebt davon, dass »Er« eine Trantüte ist. »Sie« kann beliebig dargestellt werden, je nach dem natürlichen Temperament der Darstellerin.

Personen:	Klaus und Karin, 25 – 30 Jahre
Dauer:	Vier Minuten
Mobiliar:	Keins
Requisite:	Keine
Ton:	Leise Musik zum Träumen im Hintergrund

Eingangsszene: Klaus und Karin genießen das Zusammensein an einem beliebigen Ort.

Liebling, liebst du mich auch wirklich? Karin

Dich auch, ja. Klaus

Bitte? Was heißt, mich auch?

Du fragtest doch gerade, ob ich dich auch liebe.

Wen denn noch, du Schuft?

Ach komm, das war doch nur ein alter Witz.

Aber kein guter.

Ich dachte, du liebst mich, weil ich so humorvoll bin.

War das wirklich nur ein Witz?

Ja, aber wirklich kein guter. Ich liebe nur dich.

Das ist lieb.

Und darum will ich dich auch heiraten.

Warum eigentlich?

Weil ich dich liebe, nur dich!

Und warum liebst du ausgerechnet mich?

Wen sollte ich denn sonst lieben?

Na ja, es gibt doch noch mehr Mädchen. Warum ausgerechnet ich?

Stört es dich?

Nein, ich bin glücklich darüber, aber ich will wissen, warum.

Ja, äh, also, wie soll ich dir das erklären?

Weil ich so schöne Augen habe?

Ja, zum Beispiel.

Oder so eine niedliche Nase?

Auch.

Aber die Ohren gefallen dir nicht.

Klaus **Doch, Liebling, gerade die Ohren, die sind das Schönste an dir.**

Mit anderen Worten, du magst meinen Busen nicht.

Aber wer sagt denn das, natürlich mag ich deinen Busen.

Lieber als meine Ohren?

Er ist immerhin größer.

Also habe ich einen zu großen Busen.

Nein, gar nicht.

Karin Eben doch zu klein.

Auch nicht.

Also genau richtig?

Ja.

Und er passt gut zu meiner Figur?

Haargenau.

Außerdem liebst du mich wegen meiner reizvollen Hüften?

So ist es.

Lügner, du hast eben auf meinen Hintern geguckt.

Nein, nein, auf die Hüften, wirklich.

Und warum hast du nicht auf meinen Hintern geguckt? Gefällt er dir nicht?

Doch, er gefällt mir gut. Klaus

Karin Und was magst du sonst noch an mir, mal von meinem Körper abgesehen?

Alles, Liebling.

Meinen Liebreiz?

Ja.

Meine Güte?

Ja.

Meinen Humor?

Ja.

Meine Intelligenz?

Ja.

Schatzi, ich liebe dich.

Ich dich auch, aber wieso willst du eigentlich ausgerechnet mich heiraten?

Weil du so schöne Komplimente machen kannst.

SO NICHT

Personen:	Das Brautpaar Horst und Ivonne
Dauer:	Zwei Minuten
Mobiliar:	Parkbank oder Tisch mit zwei Stühlen im Café
Requisite:	Keine
Ton:	Dem Bühnenbild angemessene Hintergrundgeräusche: Wind, evtl. Hundegebell oder leise Kaffeehausmusik oder Straßenverkehr

Eingangsszene: Das Liebespaar träumt auf einer Parkbank oder in der Nische eines Cafés oder auf einem Spaziergang – wo eben verliebte Gespräche möglich sind. Beide hören einander zunächst kaum zu.

Ivonne — Ach Schatz, es wird sich in zwei Wochen vieles ändern.

Horst — **Ja, Liebling, in zwei Wochen.**

Es wird wunderschön werden.

Ja, Liebling, in zwei Wochen.

Nichts mehr wird sein wie früher.

Ja, Liebling, in zwei Wochen.

nicht mehr verträumt — Horst, hier hättest du »Nein« sagen müssen.

auch aufwachend — **Bitte? Äh, ja, nein, was ist denn?**

Wenn ich sage »Nichts mehr wird sein wie früher«, dann musst du »Nein« sagen, oder willst du mir etwa schon vor der Hochzeit widersprechen?

Nein, natürlich nicht, Liebling, ich werde dir natürlich nie widersprechen.

Das ist sehr vernünftig, Schatz. Und nach der Hochzeit wirst du auch nicht mehr zum Kegeln gehen.

Nein.

Zum Stammtisch nicht.

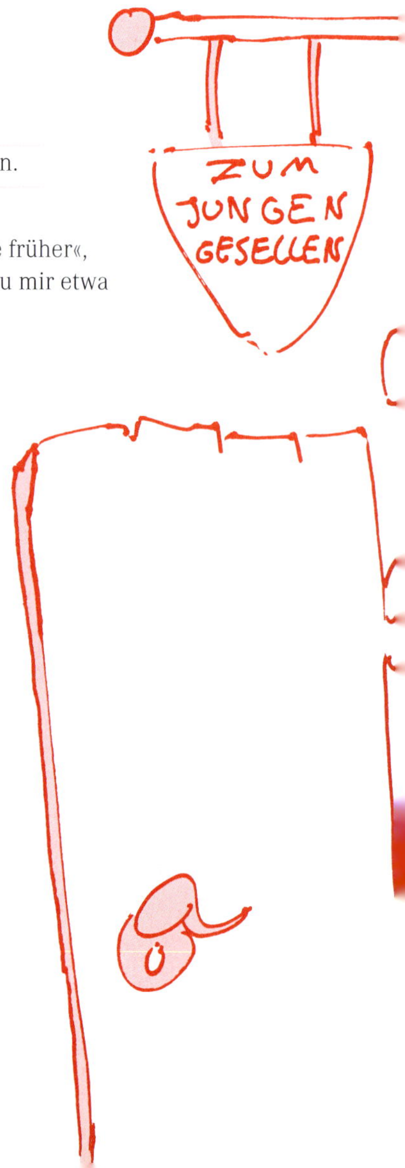

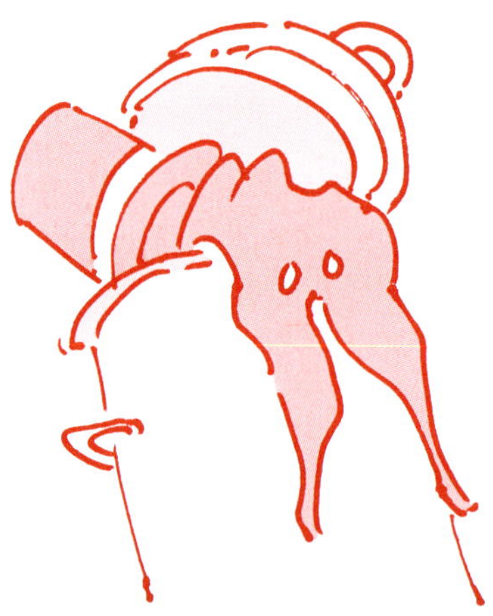

Auch nicht, wenn ich dich mitnehme?

Horst, bitte. *mit leichtem Vorwurf*

Schon gut, Liebling.

Du wirst dich nicht mehr auf dem Sportplatz herumtreiben.

So wird es sein. Und was wirst du nicht mehr tun? Horst

Ich werde dir nicht mehr erlauben, Bier zu trinken.

Das ist schön.

Und du wirst das Rauchen aufgeben. Ivonne

Dazu braucht man aber eine starke Willenskraft.

Die habe ich, mein Lieber.

Ich weiß.

Siehst du, es wird alles viel schöner.

Ja, und es gibt noch etwas, was ich nicht tun werde.

Wie schön, und was ist das?

Ich werde dich nicht heiraten.

PARTNERWECHSEL

Personen:	Das Brautpaar Horst und Ivonne, ein Standesbeamter
Dauer:	Fünf bis sechs Minuten
Mobiliar:	Schreibtisch und drei Stühle
Requisite:	Keine
Ton:	Öffnen und Schließen der Bürotür

Eingangsszene: Der Standesbeamte sitzt an seinem Schreibtisch und ruft die Brautleute zum »Aufgebot« herein.

Beamter *So, bitte sehr, der nächste Herr, dieselbe Dame.*

tritt ein Das wollte ich eigentlich aber nicht so gerne.

Bitte?

Horst Na ja, wissen Sie eigentlich, was Sie da eben gesagt haben?

Natürlich, ich habe Sie aufgefordert einzutreten.

Ja, aber mit welchen Worten! Sie sagten: Der nächste Herr, dieselbe Dame. Wenn Sie also schon jemanden für meine Verlobte haben, dann brauche ich ja keinen Termin mehr für unsere Hochzeit zu bestellen.

Ach, das ist doch nur so ein blöder Spruch.

Aha.

Ja, einfach nur so, einfach, um die Atmosphäre etwas aufzulockern.

Wozu das denn? Sind die Leute, die heiraten wollen, nicht locker genug?

Ja, doch, schon, ist doch jetzt auch egal. Sie wollen also heiraten.

Ivonne *(guckt durch die Tür)* Wie lange dauert das denn noch?

Moment, immer der Reihe nach.

verschwindet wieder Ich habe meine Zeit doch nicht im Lotto gewonnen!

Richtig. Wie lange dauert das?

Wenn Sie alle Unterlagen dabeihaben, so zehn Minuten, würde ich sagen.

Was? In zehn Minuten können wir schon heiraten?

Nein, natürlich nicht, in zehn Minuten haben Sie den Termin.

Oh, das ist jetzt aber blöd. Dann müsste ich ja heute Nachmittag noch mal wiederkommen.

Nein, wieso denn?

Na, zum Heiraten.

Heute? Wie stellen Sie sich das denn vor?

Soll das heißen, das klappt heute nicht mehr? **Horst**

Natürlich nicht, gut Ding muss Weile haben.

Ob das ein »gut Ding« wird, wenn das heute nicht mehr läuft, das möchte ich sehr bezweifeln.

Aber warum denn? Ob Sie nun heute heiraten oder in zwei Wochen …

Was heißt hier heute oder in zwei Wochen? *Ivonne guckt durch die Tür*
Ich habe bei Ihnen einen Termin!

Ja, ja, einen kleinen Moment noch.

Aber nur einen ganz kleinen! *verschwindet wieder*

Es muss heute sein, ich habe mir fest vorgenommen, heute Abend mit ihr zu schlafen.

Mit der Dame, die draußen wartet?

Wieso? Die kenne ich doch überhaupt nicht, nein, nein, ich will mit meiner Verlobten schlafen.

Ach, sehen Sie, heutzutage in unserer modernen, aufgeklärten Zeit, ich meine, verlobt sind Sie ja, und da sollten Ihre moralischen Bedenken … **Beamter**

Ich sehe schon, Sie kennen meine Verlobte nicht.

Nein, woher sollte ich auch? Traut sie sich nicht?

So kann man sagen, sie zieht mehr das Passive vor.

Passiv?

Ja, passiv.

Und das gefällt Ihnen?

Nein, eben nicht.

Und warum wollen Sie sie dann heiraten?

Bitte? Ich verstehe Sie nicht.

Na ja, äh, wie soll ich mich ausdrücken, äh, ich meine, wer schläft schon gern mit einer passiven Frau?

Horst Aber darum geht es doch überhaupt nicht. Das Problem ist rein verbal.

Also jetzt verstehe ich Sie nicht.

Das ist doch ganz einfach, sie will erst passiv, dann aktiv.

Also zweimal. Herzlichen Glückwunsch.

Ivonne guckt durch die Tür Zum dritten und letzten Mal, es wird jetzt langsam Zeit.

Wir sind gleich fertig.

verschwindet wieder Das will ich auch hoffen.

Sie reden einen ziemlichen Unsinn, wissen Sie das?

Ich möchte darauf aufmerksam machen, dass Sie es waren, der mit diesem Thema angefangen hat.

Also noch mal von vorne, damit Sie es auch verstehen. Vor das Aktiv stellt sie das Passiv!

Beamter *So.*

Bevor sie sich traut, will sie sich trauen lassen.

Ach, jetzt verstehe ich, ohne mich geht's also nicht.

Ja, leider.

Wie schön.

Was ist daran denn schön?

Schön ist, dass wir Beamte noch für etwas gebraucht werden. Aber warum wollen Sie denn unbedingt heute Abend mit Ihrer Verlobten schlafen?

Meinen Sie, dass Sie das etwas angeht?

Wir haben soeben gemeinsam festgestellt, dass es ohne mich nicht geht. Also?

Jetzt reicht es, ich will sofort den Termin für meine Hochzeit. Ich will nämlich heute Abend mit meinem Verlobten schlafen. *Ivonne kommt herein*

Dann tun Sie es doch, in Gottes Namen.

Würde ich ja, aber mein Verlobter hat da ein Problem.

Das ist Ihre Sache.

Nein, Ihre, er zieht das Passiv dem Aktiv vor.

Er will sich also trauen lassen, bevor er sich traut? **Horst**

So ist es.

Dann geht es ja bei Ihnen auch nicht ohne mich. **Beamter**

Richtig.

Moment.

Sind Sie da etwa anderer Ansicht? *zu Ivonne*

Ihr Verlobter scheint eine gewisse Ähnlichkeit mit meiner Verlobten zu haben.

So?

Sie wollen sich beide erst trauen, wenn sie sich haben trauen lassen.

Ja.

Also, ich würde mich durchaus auch ohne Trauschein trauen.

Warum auch nicht?

Wollen wir bitte wieder zur Sache kommen. Da der Weg in Ihre Betten offensichtlich nicht an mir vorbeiführt …

Vielleicht auch doch. *Ivonne begehrlich ansehend*

Gehen wir? *den Blick erwidernd*

Wir gehen. *(zum Beamten)* Es geht doch ohne Sie. *(beide ab)*

Das wesentliche Ereignis am Hochzeitstag geschieht für den einen auf dem Standesamt, für den anderen ist es der kirchliche Segen, für den dritten die anschließende Feier. Lassen wir also jetzt die Vergangenheit ruhen und wenden uns dieser Gegenwart zu. Was am Tag der Eheschließung nicht passiert, das kann man ja spielen.

ANSPRACHE DES VATERS AN SEINEN SOHN

Lieber Horst, du glaubst, du hättest einen großen Schritt getan und dein zukünftiges Leben würde sich grundlegend ändern, nur weil heute Morgen ein Standesbeamter aus deinem Fräulein Braut deine Frau Gemahlin gemacht hat, aber du wirst sehen, dass sich die Änderungen in deinem Leben in Grenzen halten werden.

War es bisher so, dass deine Mutter sagte: »Eine Mutter sieht alles«, nur weil sie dich beim Rauchen erwischt hat, als du zwölf warst, so wird zukünftig deine Ivonne sagen: »Eine Frau sieht alles«, weil ihre Mutter das zu ihrem Vater auch schon gesagt hat.

Du siehst, der Unterschied ist gering.

Wie schon deine Mutter wird auch deine Ivonne nicht alles sehen.

Du siehst, hier wird es gar keinen Unterschied geben.

Deine Mutter forderte deinen Gehorsam ein, das wird deine Ivonne auch tun. Du hast früher nicht immer gehorcht …

Du siehst, auch hier wird es keinen Unterschied geben.

Hat bis heute deine Mutter auf dein Äußeres geachtet, dir gesagt, dass du schlecht rasiert bist, dass deine Krawatte nicht zum Hemd passt, deine Schuhe nicht geputzt sind oder du dir mal wieder die Haare waschen solltest, so wird dies ab jetzt Ivonne tun.

Auch hierin wird sich dein Leben nicht ändern.

Hat früher deine Mutter dich rechtzeitig zur Schule, später dann zur Arbeit geschickt und dir Brote geschmiert, so wirst du dir das auch von Ivonne wünschen.

Als du klein warst, hat dich deine Mutter ins Bett gebracht, das tut ab heute Ivonne. Hier wird es aber doch einen kleinen Unterschied geben. Deine Mutter hat nach dem Gute-Nacht-Kuss das Licht ausgemacht und ist hinausgegangen. Letzteres wird deine Ivonne wohl nicht tun.

Aber diesen kleinen Unterschied wirst du als angenehm empfinden.

Einige neue Vokabeln solltest du dir vielleicht merken. Was zwischen deiner Mutter und dir »Generationskonflikt« hieß, nennt man zwischen Ivonne und dir »Ehekrach«. »Kostgeld« wird »Haushaltsgeld« heißen und eine Null mehr vor dem Komma haben. Dein »Gehalt« wird durch »Taschengeld« ersetzt mit einer Null weniger. »Freizeit« nennt sich zukünftig »Gartenpflege«, und »Nachtruhe«, äh, ja, wird durch etwas wesentlich Schöneres ersetzt werden.

Aber sonst wirst du kaum einen Unterschied feststellen.

Ein Letztes noch: Die Beziehung zwischen dir und deiner Mutter war durch innige Liebe geprägt. Sollte ich jemals feststellen, dass das in der Beziehung zwischen dir und Ivonne anders sein sollte, dann wird dich dein alter Vater noch einmal kräftig übers Knie legen.

ANSPRACHE DER MUTTER AN IHRE TOCHTER

Liebe Ivonne, du hast mit den Waffen einer Frau einen Mann an dich gebunden und glaubst nun, dass der Verwaltungsakt der Eheschließung die Haltbarkeit der

Liebesbande verlängert. Auch das Versprechen, das du dir von deinem Mann in der Kirche hast geben lassen, magst du als lebenslange Garantie ansehen.

Das ist schön, das ist normal, aber das genügt nicht. Ein Trauschein ist keine Garantiekarte und »bis dass der Tod euch scheidet« ist kein Mindesthaltbarkeitsdatum, und weißt du auch, warum? Weil Liebe keine Ware ist, die man kauft. Liebe schenkt man, oder man bekommt sie geschenkt.

Ihr beiden, Horst und du, ihr habt euch dieses Geschenk gegenseitig gemacht, und dieses Geschenk müsst ihr euch nun jeden Tag wieder machen. Wenn ihr euch daran haltet, dann habt ihr eure Garantiekarte, nur dass die eben nicht aus Papier ist.

Vergleichen wir doch mal die Ehe mit einem Roman. Ein solcher Roman sollte spritzig sein, voller Überraschungen, mal spannend, mal romantisch und dann wieder voller Leidenschaft und Erotik.

Bei einem langweiligen Roman ist man froh, wenn er kurz ist. Manch einer liest ihn gar nicht bis zum Ende. So ist das auch bei Ehen. Man sehnt das Ende herbei.

Bei einem guten Roman ist man begierig auf die nächste Seite, wie man bei einer guten Ehe begierig ist auf den nächsten Tag.

Euch wünsche ich, dass ihr einen langen, guten Roman vor euch habt, vielleicht einen mit dem Titel »Die unendliche Geschichte«.

»Die unendliche Geschichte« deshalb, weil das ein Kinderbuch ist. Das Schöne an Kinderbüchern ist ja, dass alle Probleme lösbar sind und auch gelöst werden. Und eben auch das wünsche ich euch und eurer Ehe.

Und Kinder, denen ihr dann später Kinderbücher schenken könnt.

Ja, ihr glaubt doch wohl nicht, dass ich vorhin die Erotik völlig uneigennützig angesprochen habe? Erotik muss sein, schließlich will ich Oma werden. Na ja, und ihr sollt ja auch euren Spaß haben.

Nun, liebe Ivonne, neben dir sitzt ein Mann, der der deine ist, aber bedenke immer:

Er gehört dir, ohne dein Eigentum zu sein,
er ist dein Beschützer, aber nicht dein Leibwächter,
er soll dir helfen, ist aber nicht dein Knecht,
er wird deine Fürsorge brauchen, ist aber nicht dein Kind,
er soll dich unterhalten, ist aber nicht dein Spielzeug.
Oder andersrum:
Du sollst auf ihn hören, aber ihm nicht hörig sein,
du sollst ihn ehren, aber ihn nicht zum Gott erheben,
du sollst ihm dienen, aber nicht seine Sklavin sein.
Ich fasse zusammen: Liebt euch einfach, denn das ist
eine Garantie auf Gegenseitigkeit.

AN DAS JUNGE PAAR

Personen:	Ein Ehepaar in mittleren Jahren
Dauer:	Vier Minuten
Mobiliar:	Keins
Requisite:	Keine
Ton:	Dafür sorgen hier die Hochzeitsgäste selbst.

Eingangsszene: Der Mann setzt zu einer Glückwunschrede an. Daraus entwickelt sich aber das Wechselgespräch eines Ehepaares.

Mann

Mein lieber Horst, du hast gewählt, ja, du hast gewählt. Aus vielen Millionen lediger weiblicher Menschen hast du gewählt, du hast gewählt, wie es in einer Demokratie üblich ist.

Frau

Von wegen! Er hat gewählt, wie es üblich ist, seit der Mensch von den Bäumen gestiegen ist.

So alt ist die Demokratie doch gar nicht.

Abgesehen davon hat Ivonne gewählt.

Einverstanden, denn der, der wählt, ist ja schließlich immer der Untertan.

lenkt sofort ein

Gut, Horst hat also gewählt.

Eigentlich wollte ich dir gerade Recht geben.

Sieh doch mal die Realitäten.

Du meinst ...

Frau

Ja, du bist doch selbst verheiratet.

Ich weiß, mit dir.

Siehst du, und wer hat bei uns gewählt?

Wenn ich mich recht erinnere, warst das du.

Nee, mein Lieber, das warst du. Ich habe nur mit geeigneten Mitteln dafür gesorgt, dass du richtig wählst.

Mann

Quatsch, du hast dafür gesorgt, dass ich dich wähle.

Sag ich doch, richtig.

Na gut, darüber können wir ja zu Hause weiter diskutieren. Lieber Horst ...

Liebe Ivonne ...

Wir wollten euch gerne einige Tipps ...

Und Ratschläge ...

Schläge sind nicht die richtigen Tipps.

abschätzig

Ja, das ist aus deiner Sicht verständlich.

Bitte, Liebling, zu Hause.

Ich dachte, ich könnte Ivonne auch dazu ein paar, äh, Ratschläge ...

Lass es bei Hinweisen, Liebling, Horst zuliebe.

Also gut. Liebe Ivonne, es ist dir also gelungen, mit geeigneten Mitteln dafür zu sorgen, dass Horst, der nun dein Horst ist, dich gewählt hat.

Moment, was heißt hier »dein Horst«? Das klingt wie Besitzanspruch.

Völlig richtig, Liebling, die Waffen der Frau töten nicht, sie inhaftieren.

Ich weiß, für das Verbrechen der Liebe gibt es lebenslänglich.

Wenn Horst brav ist, wird es aber ein goldener Käfig, in dem er sitzt.

Auch ein goldener Käfig ist ein Käfig, und Käfighaltung ist bei Tierschützern sehr umstritten. Mann

Nun sieh dir den Horst doch mal an, sieht der aus wie ein Tier?

Natürlich nicht.

Und wenn er sich wie eines benehmen würde, würde er ja über kurz oder lang rausfliegen.

Horst, du hast gehört, wie du deine Freiheit wieder erlangen kannst.

Horst, hör nicht auf ihn, so eine bezaubernde Gefängniswärterin wie deine Ivonne kriegst du nie wieder. Frau

Ja, in der Tat, Ivonne ist bezaubernd.

Langsam, mein Lieber, für dich bin ich bezaubernd, dass das klar ist.

(grinst) Stimmt, dafür müsstest du zaubern können.

***(scherzhaft drohend)* Warte, bis wir zu Hause sind, da werde ich sogar Wunder vollbringen.**

Zu Hause? In meinem goldenen Käfig?

Genau da.

Dann kommst du mit hinein?

***(lockend)* Aber sicher, Schatz.**

Und dann schließen wir ab?

freudig **Wir? Na gut, heute darfst du abschließen. Und dann sind wir beide gefangen.**

Und ihr, liebe Ivonne, lieber Horst, nehmt auch ihr euch gefangen in eurem goldenen Käfig der Liebe.

Frau **Und sorgt dafür, dass ihr beide einen Schlüssel habt.**

Mann Eure Ehe wird dann Freude für euer Leben sein, solange ihr euch, wenn ihr draußen seid, nichts sehnlicher wünscht, als schnell wieder hineinzukommen.

dezent lüstern **Und abzuschließen.**

DER KALENDER

Der Fotograf und seine Assistentinnen spielen hier nicht allein einen Sketch, sondern erstellen dabei auch einen Kalender mit Fotos vom Brautpaar und den Eltern des Brautpaares, die nach Möglichkeit keine Ahnung haben sollten, worum es überhaupt geht. Die Bilder, die Martin während der Handlung macht, werden von seiner Assistentin Ines sofort in den Kalender eingeklebt. Antje assistiert dem Fotografen bei den Aufnahmen.

Personen:	Fotograf Martin, Ines und Antje, seine Assistentinnen
Dauer:	Mindestens 15 Minuten, bei entsprechender Spielfreude der »Opfer« evtl. bis zu 30 Minuten
Mobiliar:	zwei Stühle, Stativ
Requisite:	Polaroid-Kamera, Filmmaterial, Blitzlicht, Kalender ohne Bilder, Klebstoff
Ton:	Nicht zu empfehlen, da alle passenden Geräusche durch das Spiel entstehen.

Eingangsszene: Während der Fotograf die Begrüßungsworte spricht, richten die Assistentinnen das »Atelier« her.

Martin

Liebes Brautpaar, liebe Eltern der beiden, liebe Anverwandte, liebe Hochzeitsgäste, da eine Hochzeit nicht nur aus zwei Trauungen und einem Gelage besteht, sondern auch aus Terminen beim Frisör und Fotografen, haben wir uns gedacht, heute Abend ein kleines Geheimnis zu lüften. Wir werden Ihnen und euch nun zeigen, was heute morgen beim Fotografen so passiert ist. Die Vorgänge beim Frisör verschweigen wir geflissentlich, weil Frisöre zur Intimsphäre der Frauen, insbesondere der Bräute gehören. Ob ihr es nun glaubt oder nicht, jede Frau braucht mindestens zwei Männer, denen sie vertraut, das ist der Frisör und der Frauenarzt. Alle anderen müssen sich so ein Vertrauen schwer erarbeiten, da sind die Ehemänner keine Ausnahme. Liebes Brautpaar, darf ich euch nun ins Atelier bitten. Fasst Mut und euch bei der Hand und geht zu den Stühlen rüber. Nein, nicht gehen, schreiten, Brautleute schreiten, oder besser, sie schweben wie auf Wolken, also schwebt mal rüber und folgt den Anweisungen meiner Assistentin.

Antje

***(sorgt dafür, dass das Brautpaar auch wirklich kommt)* Setzt euch bitte, die Braut links, der Bräutigam rechts. Ihr seid doch Linkshänder? Nein? Gut, dann umgekehrt. Guckt bitte in die Kamera, damit mein Kollege euch scharfmachen kann. *(Fotograf stellt die Kamera ein und gibt der Assistentin ein Zeichen, wenn er fertig ist.)* O. k., das genügt, schaut euch bitte an. Hey, du Bräutigam du, du sollst deine Frau anschauen, nicht bloß hingucken. Bist du nicht stolz, eine so wunderschöne Braut dein Eigen nennen zu dürfen? Dann schau auch so. Stolz! Na also. Geht doch! Und du, meine liebe Braut, liebst du ihn nicht? Die Liebe muss man sehen, sie muss aus deinen Augen sprühen und nicht tröpfeln.**

Na bitte, geht doch auch, bleibt so. Und Schuss! *(Der Fotograf macht das Foto.)*

Ines ***(holt das belichtete Material vom Fotografen, wartet die vorgeschriebene Zeit, bis das Bild fertig ist, und klebt es in den Kalender. Währenddessen geht die Szene weiter.)***

Martin Das war für den ersten Versuch schon ganz ordentlich, aber mir scheint, der Bräutigam hat den Ernst der Situation noch nicht erfasst. Vielleicht sollte dein Vater dir mal zeigen, wie so was gemacht wird.

Antje ***(sorgt dafür, dass der Vater des Bräutigams kommt, damit er zusammen mit der Braut fotografiert werden kann)* So, bitte mal hier Platz nehmen. Nun gucken Sie die Braut doch nicht an, als ob Sie sie zum ersten Mal sehen. Oder haben Sie sie heute erst kennen gelernt? Wäre ja nicht schlimm, ein überraschter Gesichtsausdruck macht sich auf einem Foto auch ganz gut. Liebe Braut, das ist dein Schwiegervater. Sieh ihn einfach so an, wie du deinen eigenen Vater ansehen würdest. Nicht so! Du musst gucken wie Weihnachten, nicht wie nach einem Gewitter. Jaaa, soo! Und Schuss! *(Der Fotograf macht das Foto.)***

(holt das Bild, wartet und klebt es ein)

Aber es geht besser. Lass mal die Braut von ihrer Mutter lernen. Auch, wenn sich jetzt zwei an und für sich fremde Menschen gegenübersitzen, so verbindet sie etwas. Beide haben je ein Kind abgeben müssen, aber auch eines geschenkt bekommen.

***(sorgt dafür, dass die Mutter der Braut kommt, damit sie zusammen mit dem Vater des Bräutigams fotografiert werden kann)* Sie sollten jetzt bitte Güte ausstrahlen, gepaart mit, also, wie soll ich sagen, weil sich Ihre Kinder jetzt paaren, Güte gepaart mit der Zuversicht auf eine gemeinsame glückliche Zukunft. Ein bisschen Stolz vom**

Vater, ein bisschen mütterliche Wärme. Nein! Doch nicht vom Vater! Nicht Sie sollen mütterlich gucken, sondern Sie! So, und jetzt in die Kamera. Und Schuss! *(Der Fotograf macht das Foto.)*

Ines

(holt das Bild, wartet und klebt es ein)

Martin

Sehr schön, aber jetzt wieder mal etwas wie Weihnachten. So eine Hochzeit ist schließlich auch ein Fest der Liebe. Wir brauchen jetzt mal wieder ein Liebespaar, damit die Kinder etwas lernen. Die Mutter des Bräutigams bitte.

Antje

(sorgt dafür, dass die Mutter des Bräutigams kommt, damit sie zusammen mit ihrem Mann fotografiert werden kann)* So, nun sehen Sie sich bitte tief in die Augen und erinnern sich an den schönsten Tag Ihres Lebens. Nein! Nicht an den Tag, an dem Sie den Bräutigam gezeugt haben, an den Tag Ihrer Hochzeit bitte! Ja, so ist es schön. *(an das Brautpaar gewandt)* Guckt euch das an, so muss das aussehen. *(an das Elternpaar vor der Kamera)* So bleiben bitte. Und Schuss! *(Der Fotograf macht das Foto.)

(holt das Bild, wartet und klebt es ein)

(an das Brautpaar gewandt) Habt ihr gesehen, wie das geht? Der tiefe Blick? Der verträumte Gesichtsausdruck? Guckt euch auch mal so an. Nein, ich sehe schon, ihr braucht noch einmal ein Beispiel. Mal sehen, ob die Brauteltern echte Vorbilder sind.

***(sorgt dafür, dass die Eltern der Braut kommen, damit sie gemeinsam fotografiert werden können)* Wer eine so schöne Braut zeugt, der kann nur von schönen Gefühlen geleitet sein. Ich bitte um einen gefühlvollen Blick, vielleicht ein kleines bisschen sinnlicher, gnädige Frau. Schauen Sie Ihren Mann einmal an, als ob Sie noch so ein schönes Kind, wie die Braut eines ist, haben möchten. Und Sie, lieber Brautvater,**

Ihr Blick sollte verkünden, dass Sie nichts dagegen hätten. Sie dürfen natürlich auch an zukünftige Enkel denken. Ja, das ist es! Und Schuss! *(Der Fotograf macht das Foto.)*

Ines *(holt das Bild, wartet und klebt es ein)*

Martin Das soll mal als Beispiel genügen. Jetzt möge unser Brautpaar zeigen, was es gelernt hat. Zunächst vielleicht der Bräutigam noch unter Anleitung. Ja, das scheint vernünftig. Der Bräutigam mit der Mutter seiner Liebsten. *(an den Bräutigam gewandt)* Ich sagte: Deine Liebste! Das ist doch deine Braut, oder? Das will ich auch hoffen, du!

Antje *(sorgt dafür, dass der Bräutigam und die Mutter der Braut kommen, damit sie gemeinsam fotografiert werden können. An die Brautmutter gewandt)* So, jetzt zeigen Sie bitte Ihrer Tochter, wie sie auf einem Hochzeitsbild zu gucken hat. So ist es schön. Und du, lieber Bräutigam, siehst nun, wie deine, wie war das doch gleich? Ja, wie deine Liebste in, sagen wir mal, 18 Jahren aussehen wird. Es liegt übrigens ganz bei dir, ob sie dann immer noch so lieb guckt, wie deine Schwiegermutter gerade jetzt. Und Schuss! *(Der Fotograf macht das Foto.)*

(holt das Bild, wartet und klebt es ein)

So, aber jetzt wieder das Brautpaar bitte, setzt euch. Nun mal los, und denkt daran: Dem Personal ist unbedingt Folge zu leisten.

(sorgt dafür, dass Braut und Bräutigam kommen, damit sie gemeinsam fotografiert werden können) Nun mal den Blick wieder in die Kamera, den Brautstrauß etwas höher. Nicht das Gesicht verdecken, die schönste Blume heute bist doch du. Na also, so geht's. *(an den Fotografen gewandt)* Du, das wird jetzt das siebente Bild.

Ich weiß, das versinnbildlicht das verflixte siebente Jahr.

Antje

So gucken die beiden auch. Ihr müsst lächeln. Das ist hier eine Eheschließung, keine Geiselnahme. So, und jetzt Brust raus. *(an die Braut gewandt)* Nicht du, bei dir ist sie sowieso vom Brautstrauß verdeckt. *(an den Bräutigam gewandt)* Du sollst die Brust rausbringen, Stolz zeigen! Freude! Verlangen! Lust! *(an die Braut)* Hilf ihm doch mal, zeig ihm, dass es sich lohnt, Verlangen nach dir zu spüren. Ja, sei Verlockung! Sei Versuchung! *(an den Bräutigam)* Du sollst sie nicht mit den Augen ausziehen, wie sieht denn das aus! Ja, jetzt ist es gut. Sittsam lustvoll, wunderbar, ich bewundere euch. Und Schuss! *(Der Fotograf macht das Foto.)*

Ines

(holt das Bild, wartet und klebt es ein)

Martin

Ja, das war das. Jetzt noch die Action-Fotos, und dann haben wir es.

Action-Fotos?

Ja natürlich, die Beteiligten in Aktion.

Ach so, tanzen und so.

Nein, bei jungen Ehen geht es doch nicht vorrangig ums Tanzen, da sind andere Handlungen wichtiger.

Aber doch nicht hier im Saal vor den Gästen.

Warum denn nicht? Wir stellen es doch nur nach.

Trotzdem, es gibt Dinge nach der Hochzeit, von denen die Hochzeitsgesellschaft ausgeschlossen sein sollte.

Wieso nach der Hochzeit? Was ich jetzt aufnehmen will, ist doch längst passiert.

Seid ihr sicher?

Aber klar, stell mal die Stühle beiseite, wir brauchen etwas Platz.

Auf dem blanken Boden?

Geht nicht anders, wir haben keinen Teppich.

Ines

Ich hatte auch nicht an einen Teppich gedacht.

Woran hattest du denn gedacht?

An meine Hochzeit, aber das geht euch nichts an. Ein Teppich war es jedenfalls nicht.

Martin

Das ist jetzt egal. Als Erstes führen bitte die Brauteltern ihre Tochter dem Bräutigam zu.

erleichtert

Ach so, darum geht's.

(sorgt dafür, dass Braut, Bräutigam und die Eltern der Braut kommen, damit sie gemeinsam fotografiert werden können) Es könnte vielleicht aussehen wie eine Opfergabe. *(an die Brauteltern gewandt)* Wenn Sie Ihre Tochter vielleicht in die Mitte nehmen könnten und sie etwas vor sich her schieben? Ja. *(an den Bräutigam gewandt)* Hey, du kriegst gerade ein Geschenk, da freut man sich. Zeig es. Nein, bitte nicht diesen hoheitlichen Blick eines Steuereintreibers, dem man in Naturalien zahlt. Sag mal, willst du sie jetzt oder nicht?

Sonst nehme ich sie.

Antje

Du kriegst sie aber nicht, sie ist vergeben. Ja, so sieht das schon ganz schön aus. Das Lamm wird zum Altar geführt. Ja, wunderschön, fast schon eine biblische Szene. Vielleicht den Blick der Eltern etwas andachtsvoller, die Braut etwas ängstlicher. Na gut, schüchtern reicht auch. Und Schuss! *(Der Fotograf macht das Foto.)*

(holt das Bild, wartet und klebt es ein)

Und gleich andersrum. Die Eltern des Bräutigams führen ihren Sohn der Braut zu.

(sorgt dafür, dass Braut, Bräutigam und die Eltern des Bräutigams kommen, damit sie gemeinsam fotografiert werden können) O. k., ja, da

sollte die Braut vielleicht doch sitzen. So wie auf einem Thron. *(stellt einen Stuhl zurecht)* Ein bisschen hoheitsvoll gnädig. Gut so, nun die Eltern mit dem Delinquenten. Kommen Sie, hier so als Gruppe, so wie die heiligen drei Könige. Nur, dass Sie keine Geschenke dabei haben. Einer von Ihnen ist das Geschenk. Wenn nun die Braut bitte die Hand ausstreckt. Handfläche nach oben, sie will ja das Geschenk annehmen. Der Bräutigam noch etwas nach vorne, streck ruhig auch die Hand aus.

Martin

Er sollte knien, das wirkt realistischer.

Antje

Das versuchen wir. *(an den Bräutigam gewandt)* Knie dich bitte mal hin. Tatsächlich, das hat was. Das macht Eindruck, das wirkt so zeitlos elegant. Die Macht geht von den Eltern auf die Regentin über. Ja, so wird dargestellt, dass sie die Königin ist, die Königin seines Herzens. Und Schuss! *(Der Fotograf macht das Foto.)*

Ines

(holt das Bild, wartet und klebt es ein)

Und ein Letztes noch. Jetzt bitte die Gruppe nach vollendetem Austausch. Bitte die beiden Elternpaare hinter die Stühle, das Brautpaar auf die Stühle.

(sorgt dafür, dass Braut, Bräutigam und beider Eltern kommen, damit sie gemeinsam fotografiert werden können) Wunderbar. Etwas näher zusammenrücken bitte. So ist es gut. Jetzt, wenn

die Eltern jeweils Hand an ihr Schwiegerkind legen könnten. Nicht so schüchtern, ihr seid jetzt alle eine Familie. Nicht bis an den Busen, lieber Schwiegerpapa, die Braut gehört Ihrem Sohn. Und lächeln. Aber, aber, die Eltern sind noch etwas steif. Zeigen Sie doch, dass Sie froh sind, die Gören endlich los zu sein. Ja, so sehen drei glückliche Paare aus. Und Schuss!
(Der Fotograf macht das Foto.)

Ines ***(holt das Bild, wartet und klebt es ein)***

(schraubt die Kamera vom Stativ) So, das war's.

Halt, der Kalender ist noch nicht voll.

Martin Ich weiß, das ist Absicht.

Hinten muss doch Platz bleiben für den Säugling.

Ach so, klar, so ein Kind gehört ja doch irgendwie dazu. Es fehlen aber noch zwei Bilder bis das Jahr voll ist.

Antje **Das ist für den Fall, das es Zwillinge werden.**

(Martin, Antje und Ines gratulieren noch einmal den Beteiligten, und Ines überreicht den Kalender als Geschenk.)

DIE ZWEI KELLNER

Personen: Max und Moritz, zwei Kellner
Dauer: Drei bis vier Minuten
Mobiliar: Keins
Requisite: Geschirrtücher als Schürzen, zwei Tabletts
Ton: Nicht nötig, die passenden Geräusche macht das echte Bedienungspersonal, wenn Sie den Spielort in der Nähe der Bar wählen.

Eingangsszene: Max und Moritz, die Tabletts in den Händen, stehen an die Wand gelehnt und beobachten die Festgesellschaft.

Nun guck dir die Brautmutter an, wie die den Bräutigam umgarnt. Max

Ja, das tut sie. Moritz

Die verwöhnt den nach Strich und Faden.

Das macht sie schon den ganzen Abend.

Dabei ist er doch schon verhaftet.

Ja, lebenslänglich, hat der Richter gesagt.

Das war der Pfarrer.

Das ist für das Ergebnis egal. Da, guck nur, jetzt legt sie ihre Hand auf seine.

Den ganzen Abend, sagst du?

Die Hand nicht, aber sonst. Vorhin zum Beispiel, als die Braut entführt wurde.

Hat sie ihn da getröstet?

Nein, sie hat für ihn gesucht, um ihn zu schonen.

Sie wird nicht wollen, dass ihre Tochter die Hochzeitsnacht mit einem müden Mann verbringen muss.

Und warum schenkt sie ihm dann nun schon den zehnten Cognac ein?

Was, so viele?

Ja. Da! Jetzt den elften!

Sie will die Jungfernschaft ihrer Tochter schützen.

Mit Cognac?

Wirkt besser als Baldrian.

Ach, woher weißt du das denn? Hat deine Schwiegermutter bei deiner Hochzeit auch …

Nein, die gab mir Baldrian.

Sag bloß, und?

Und ich war neun Monate später Vater.

Und woher willst du wissen, dass das mit Cognac nicht passiert wäre?

Weil ich die Geburt meines Sohnes mit Cognac begossen habe.

Moritz **Ach.**

Und neun Monate danach kam kein Kind.

Wie auch, deine Frau war doch noch im Krankenhaus.

Stimmt. Du, dann lag das ja gar nicht am Cognac.

Bei dir nicht.

Vielleicht sollten wir dem Bräutigam sagen, dass man auch nach elf Cognacs noch Vater werden kann.

Warum? Der ist doch verheiratet, der darf das jetzt, Vater werden und so.

Max Na, aber es wäre doch schade für ihn.

Wenn er Vater würde?

Nein, wenn er heute Nacht den Grundstein dafür legen würde und morgen früh nichts mehr davon wüsste.

Sag mal, kann man von Sekt Kopfschmerzen kriegen?

Kommt auf den Sekt an, warum?

Die Braut trinkt mit ihrem Schwiegervater Sekt.

Viel?

Ich habe vor zehn Minuten die vierte Flasche hingetragen.

Da wird er Kopfschmerzen kriegen.

Wer interessiert sich denn für ihn?

Heißt das, du interessierst dich für die Braut?

Sie ist eine sehr hübsche Braut, und ich hätte Mitleid, wenn sie Kopfschmerzen hätte.

Na ja, sie wäre dann doch selbst schuld, oder?

Doch nicht Mitleid mit ihr! Ich hätte Mitleid mit dem Bräutigam.

Weil sie Kopfschmerzen hat?

Moritz

Natürlich, oder weißt du vielleicht nicht, was das heißt, wenn eine Frau sagt: »Schatz, bitte, ich habe Kopfschmerzen.«?

Max

Doch, das weiß ich, und immer, wenn ich mehr als zehn Cognacs getrunken habe, bin ich heilfroh, wenn die meine es sagt.

INTERNATIONALE VERWICKLUNGEN

Personen:	Die Freundinnen Ivonne und Christine, ca. 25 Jahre
Dauer:	Vier Minuten
Mobiliar:	Keins
Requisite:	Keine
Ton:	Dafür sorgen hier die Hochzeitsgäste selbst.

Eingangsszene: Christine und Ivonne laufen sich bei der aktuellen Feier über den Weg.

Christine

Oh, hallo Ivonne, du bist auch zu Inges Hochzeit eingeladen?

Ja, sicher, Inge ist doch meine beste Freundin.

Dann weißt du ja auch, dass ihr Bräutigam Ausländer ist, oder?

Ivonne

Natürlich, ich kenne ihn ja schon eine Weile. Ein lieber Kerl.

Ich stelle mir so eine bionationale Ehe richtig spannend vor. Ich stelle mir zum Beispiel vor, wie das ist, wenn die beiden sich zweisprachig streiten.

Das findest du spannend?

Klar! Wo sonst kann man so viele Schimpfwörter einer fremden Sprache lernen? So ein bilingualer Ehekrach, das wäre schon was.

Wenn die beiden streiten, dann nennt man das nicht Ehekrach, dann sind das internationale Verwicklungen, wenn es schlimmer wird, internationale Konflikte, und eine Scheidung wäre der Abbruch internationaler Beziehungen.

Christine

Dann wäre ein Ehekrach ja staatsgefährdend.

Viel schlimmer, allein der Wunsch nach einer internationalen Ehe ist schon staatsgefährdend. Oder kennst du den alten Witz nicht? Zenzi sagte einst zu Xaver: »Xaver, mein lieber Mann, unsere Resi will einen Neger heiraten.« »Einen Neger?«, fragte Xaver, »na ja, immer noch besser als einen Protestanten.« »Er ist Protestant,« flüsterte die Zenzi. Da schimpfte Xaver: »Saupreiß, afrikanischer!«

Aber das ist doch nur ein alter Witz!

Ivonne

Witze entstehen aus gesellschaftlichen Befindlichkeiten. Und welcher Ausländer ließe sich schon gern als Saupreiß beschimpfen?

Apropos Befindlichkeiten. Würdest du auch eine binationale Ehe eingehen?

Na ja. Ja. Doch. Warum nicht? Äh, why not?

Sofort?

Nee.

Nee? Wann denn?

Was weiß ich, später eben.

Das verstehe ich nicht.

Pass mal auf. Nehmen wir an, ich hätte einen geliebten Ausländer, den ich heiraten möchte. Der braucht einen gültigen Reisepass und eine Geburtsurkunde. Nehmen wir an, er hätte beides, dann bräuchte er aber auch noch eine Melde- oder Aufenthaltsbestätigung. Nehmen wir an, die hätte er auch. Das nützt uns erst mal gar nichts.

Nicht?

Nee, die ausländischen Dokumente müssten übersetzt werden. Ivonne

Mach ich für dich, und dann kannst du heiraten. Christine

Danke. Aber so schnell geht das nicht. Die Übersetzungen müssen von der Innenbehörde des ausstellenden Staates beglaubigt werden.

Oh, das dauert.

Eben. Und wenn sie beglaubigt sind, müssen sie von unserer Auslandsvertretung legalisiert werden.

Oh ja, das dauert.

Und dann braucht er ein Ehefähigkeitszeugnis.

Dass sollte ja wohl kein Problem sein, seine Potenz kannst du hoffentlich selbst beglaubigen.

Natürlich, aber beim Ehefähigkeitszeugnis geht es um die juristische Ehefähigkeit, nicht um die biologische. Man könnte sie auch Ledigkeitsbescheinigung nennen.

Ach so. Und die muss dann übersetzt werden.

Richtig. Dann kommt die Innenbehörde des Auslands, dann unsere Auslandsvertretung, du weißt ja.

Und dann könnt ihr heiraten.

Wenn kein Scheidungsurteil gebraucht wird, sonst muss das übersetzt werden.

Okay, jetzt verstehe ich, warum du nicht gleich heiraten würdest.

Gelle? Wollen hätte ich mich schon trauen gemocht, aber vor das Dürfen hat der Amtsschimmel das Warten gesetzt.

Da fragt sich doch, ob du überhaupt einen Ausländer heiraten würdest.

Das verstehe ich nun nicht.

Christine Na, weil die Gefahr besteht, dass das von Amts wegen verhindert wird.

Ivonne Hä?

Sieh mal, die vatikanische Kongregation für die Glaubenslehre hat 1977 entschieden, dass die kirchliche Einwilligung zur Eheschließung nicht für solche Männer gegeben werden darf, die impotent sind und den Geschlechtsakt nicht zu Ende führen können. Wenn ihr den Amtsweg endlich erfolgreich zurückgelegt habt, ist dein Liebster in dem Alter, in dem diese Gefahr durchaus besteht.

BRAUTWERBUNG

Unter den Darstellern sollte ein kräftig gebauter Herr und eine kräftig gebaute Dame sein. Wenn einer der Herren schmächtig wäre, wäre das von Vorteil. Die Darsteller müssen das, was sie tun sollen, geprobt haben, sie können also nicht wahllos aus den Hochzeitsgästen ausgewählt werden. Im Laufe des Sketches zeigen sie drei pantomimische Szenen. Die Wirkung wird umso besser, je ähnlicher sich die jeweiligen Schlusssituationen sind.

Personen:	Ein Moderator und mindestens vier Männer und vier Frauen, die stumm agieren.
Dauer:	Acht bis zehn Minuten
Mobiliar:	Acht Stühle in zwei Reihen
Requisite:	Zwei Styropor-Keulen
Ton:	Tanzmusik in der letzten Szene, Paukenschläge bei Anwendung der Keulen

Eingangsszene: Die Männer sitzen den Frauen gegenüber. Alle lauschen dem Vortrag des Moderators.

Wie man heutzutage um ein Mädchen, das man heiraten möchte, wirbt, ist wohl einigermaßen bekannt, wir kommen darauf zurück. Wie war das aber früher? Bei einer Hochzeit wie der heutigen sollte man vielleicht mal einen Blick in die Vergangenheit werfen und sich fragen, ob es damals nicht vielleicht besser war. – Beginnen wir in der Steinzeit. Die Menschen waren eigentlich noch gar keine, sie stiegen gerade erst von den Bäumen. Wir zeigen Ihnen jetzt, wie der Mann damals zu einer Frau kam. Die Darsteller müssen Sie sich jetzt bitte stark behaart und ansonsten unbekleidet vorstellen. Wir hätten das gerne im Original gezeigt, aber wir haben hier leider keine Garderobe zum Schminken gefunden. Stellen Sie sich also bitte einfach unsere Darsteller als Bewohner der Steinzeit vor. Und Action bitte.

(Ein kräftiger Mann geht mit affenähnlichen Bewegungen auf eine eher zierliche Frau zu, hebt sie auf, trägt sie zu seinem Platz, setzt sie vor seinen Stuhl auf den Boden, setzt sich selbst auf den Stuhl und legt besitzergreifend seine Hand auf sie.)

Stärkere Männchen begnügten sich natürlich nicht mit nur einem Weibchen.

(Derselbe Mann holt sich auf oben beschriebene Art eine zweite Frau. Nach kurzer Pause versucht ein schmächtigerer Herr auf eben diese Art, sich eine kräftigere Frau zu holen. Sie wehrt ihn aber ab, und er geht unverrichteter Dinge an seinen Platz zurück.)

Weniger kräftige Männchen gingen bei dieser Art der Brautwerbung natürlich leer aus. Meine Damen, wenn Ihnen diese Art der Paarbildung nicht zusagen sollte, dann beachten Sie bitte, dass es in der Prähistorie auch diesen Ansatz gab.

(Die kräftige Frau, die gerade den Schmächtigen abgewehrt hatte, holt sich diesen nun in der

bekannten Weise. Die beste Wirkung wird natürlich dann erreicht, wenn sie ihn wirklich tragen könnte. Während des folgenden Textes begeben sich die Darsteller in die Ausgangspositionen.)

Moderator

Im Laufe der Geschichte entwickelte sich die Spezies »Mensch« weiter. Man bekleidete sich. Meine Damen es geht hier nicht um Dior oder Armani, es geht hier um Bärenfelle, die man sich umhängte. Waffen wurden erfunden. Meine Herren, diese Waffen waren keine Bratpfannen oder Nudelhölzer in den Händen von Frauen, diese Waffen waren Keulen. Die Brautwerbung änderte sich dadurch geringfügig, sie wurde komplizierter.

(Der »Kräftige«, nun mit einer Styropor-Keule bewaffnet, geht zu den Frauen, um sich diejenige zu holen, die er in der ersten Szene auch schon zu seinem Platz getragen hatte. Ein weiterer Mann, der ihm zuvorkommen will, wird von ihm mit der Keule niedergeschlagen. Der »Kräftige« holt sich sein Weibchen wie vorhin. Die Bewegungen sollen nun nicht mehr so affenähnlich sein.)

Sollte sich ein Weibchen dem Zugriff widersetzen, so war das nun kein Problem mehr.

(Der »Kräftige« will seine Zweitfrau wie in der ersten Szene holen. Diese widersetzt sich aber und wird deshalb, bevor sie weggetragen wird, mit der Keule niedergeschlagen.)

Manchmal war das aber doch ein Problem.

(Der Schmächtige, nun ebenfalls mit einer Keule bewaffnet, will »seine« Kräftige niederschlagen.

Diese entwindet ihm aber die Keule und schlägt nun ihrerseits ihn nieder. Er sinkt vor ihren Stuhl. Die nun entstandene Situation soll dem Ergebnis der ersten Szene so weit wie möglich gleichen. Während des folgenden Textes begeben sich die Darsteller in die Ausgangspositionen.)

Moderator

Wir sehen, dass die Erfindung von Waffen am Ergebnis der Brautwerbung nichts geändert hat, dass also Waffen die sinnlosesten Erfindungen der Menschheit sind. – Der Mensch wurde zivilisierter. Nach Erfindung der Sprache fragte man die Frau seines Herzens. Antwortete sie mit Ja, dann kam sie mit; antwortete sie mit Nein, nun, dann nahm man sie mit. Mit zunehmender Technisierung wurde das Mitnehmen immer aufwändiger. Die Griechen brauchten für das Mitnehmen einer gewissen Helena schon eine ganze Flotte nebst einer Unzahl von Helden, die die besagte Helena dann gar nicht kriegten. – Wir überspringen jetzt aber die Antike, das Altertum, das Mittelalter, die Renaissance, das Biedermeier, die Romantik und was es sonst an Zeitaltern gab, und wenden uns der Neuzeit zu. – Die Sitzverteilung, Herren auf der einen, Damen auf der anderen Seite, ist zumindest den älteren unter uns von der Tanzschule her geläufig. Wir erinnern uns: Die Herren fordern nun bitte die Damen auf.

(Die Herren fordern die Damen auf, wobei der »Kräftige« seine Erstfrau wählt und der Schmächtige seine »Frau«. Die übrigen Darsteller, die nun zum ersten Mal zum Einsatz kommen, fordern beliebig auf. Da bei einer Hochzeit meistens Musik gemacht wird, ist es nun sicher möglich, zum Tanz aufzuspielen. Der Tanz sollte aber nur kurz sein. Nach Ende der Musik verharren die Darsteller auf der Tanzfläche.)

Wenn jetzt im Zuge der Brautwerbung einer der Herren mit Johann Wolfgang von Goethe sagen würde, »gnädiges Fräulein, darf ich's wagen«, so würde das seine Ange-

Moderator

betete wohl kaum mehr verstehen, nein, es geht einfacher, man fragt: »Zu dir oder zu mir?« – Da auch diese Frage in Diskotheken nicht verständlich rübergebracht werden kann, muss man auf Mimik, Gestik und sonstige nonverbale Kommunikation zurückgreifen. Es geht also wieder ohne Sprache wie in der Steinzeit.

(Was nun beschrieben wird, passiert gleichzeitig. Alle Darsteller erwachen aus ihrer Erstarrung und verlassen die Tanzfläche so, dass die »Kräftige« ihren »Schmächtigen« mitzieht. Er kniet sich anbetend vor ihre Füße. Der »Kräftige« versammelt seine beiden Frauen zu seinen Füßen. Die übrigen setzen sich auf ihren Stuhl. Das nun entstandene Bild sollte den Zuschauern wieder bekannt vorkommen.)

(mit weit ausholender Geste über die Szene) Das Ergebnis ist seit Jahrmillionen dasselbe.

TÜV

Personen: Ein Ehepaar in mittleren Jahren
Dauer: Vier Minuten
Mobiliar: Keins
Requisite: Keine
Ton: Dafür sorgen hier die Hochzeitsgäste selbst.

Eingangsszene: Der Mann setzt zu einer Glückwunschrede an. Daraus entwickelt sich aber das Wechselgespräch eines Ehepaares.

Er

Liebes Brautpaar, nun, da ihr heute in Liebe vereint worden seid ...

Sie

Was soll denn der Quatsch jetzt?

Wieso Quatsch? Vor uns sitzt ein junges Paar, das aufgrund der Liebe zueinander gefunden hat und durch staatliche Gewalt und kirchlichen Segen den Lebensweg gemeinsam gehen will.

Ach was, die haben sich trauen lassen, das ist nichts weiter als ein Verwaltungsakt. Rechtlich gesehen haben sie einen Vertrag geschlossen. Sie

Einen Vertrag? Er

Einen Vertrag! Als du dein neues Auto gekauft hast, war das im Prinzip nichts anderes.

Nun guck dir bitte mal die Braut an.

Und?

Hat mein Auto auch so glücklich geguckt wie sie?

Nein, aber der Verkäufer. Und dein neues Auto hat immerhin Schlafaugen.

Versenkbare Scheinwerfer sind weder sinnlich noch erotisch noch drücken sie Liebe aus. Und der glücklich guckende Verkäufer hat auch nicht gesagt, bis dass der Tod euch scheidet.

Stimmt, bei Autos heißt das aber ja auch TÜV.

Siehst du, und deshalb ist die Beziehung zwischen Eheleuten etwas ganz anderes als die Beziehung zwischen Auto und Fahrer.

Das will ich nicht sagen, der TÜV war schließlich so etwas wie der Tod deines letzten Wagens.

Lass uns zum Thema zurückkommen. Wir erleben hier den Anfang einer neuen Beziehung.

Genau da stehst du mit deinem neuen Auto auch.

Und es ist doch anders. Mein Auto tausche ich gegen ein neues um, wenn es Macken kriegt.

So was gibt es in Ehen auch.

Ach ja? Und was ist mit dem Leihwagen, wenn es der eigene mal nicht tut?

Schatz, du bist naiv.

Jetzt muss ich dich mal als meine angetraute Ehegattin fragen: »Liebling, fühlst du dich als Auto?«

Sie **So, wie du dein Auto verhätschelst, wäre ich es manchmal gerne.**

Er Du weißt, dass ich es hin und wieder einem Kollegen leihe?

Das ginge mir dann allerdings ein bisschen zu weit.

Aber warum denn, Liebling, er bringt es doch immer wohlbehalten zurück.

Aber benutzt!

Vollgetankt und gewaschen.

Das kannst du mit mir doch nicht machen!

Warum nicht? Du sagtest doch noch eben, ein Kaufvertrag für Autos und eine Eheschließung wären dasselbe.

Aber nicht, wenn ich das Auto bin.

Soll ich jetzt noch mal anfangen?

Besser ist das, glaube ich.

Liebes Brautpaar, nun, da ihr heute in Liebe vereint worden seid, habt ihr zwar juristisch gesehen einen Vertrag miteinander geschlossen, aber …

Aber keiner hat dabei den anderen gekauft.

Werdet alt in Liebe und gegenseitiger Achtung.

Und wenn ihr ein neues Auto braucht …

Dann kauft euch gemeinsam eines.

Haben Sie schon das Vorwort gelesen oder sind Sie über das Inhaltsverzeichnis direkt in dieses Kapitel vorgestoßen? Letzteres wäre völlig normal. Beachten Sie aber bitte trotzdem die Hinweise zu erotischen Themen am Anfang dieses Buches ab S. 17.

DER SCHÖNSTE AUGENBLICK

Personen:	Die Brautleute Ivonne und Horst
Dauer:	Zwei Minuten
Mobiliar:	Liege
Requisite:	Brautkleid für Ivonne (oder angedeutetes Brautkleid)
Ton:	Keiner

Eingangsszene: Horst und Ivonne kommen als Brautpaar nach der Feier nach Hause.

Ivonne

Da kann einer sagen, was er will, aber das Schönste am Hochzeitstag ist die Nacht.

Horst

Da kann einer sagen, was er will, aber wo du Recht hast, hast du Recht.

Es gibt eben einfach Dinge, die man in Anwesenheit der Gäste nicht tut.

Stimmt. Da fällt mir auch einiges dazu ein.

Wenn ich ehrlich sein soll, ich konnte es kaum erwarten, bis die Gäste endlich verschwunden waren.

Ich auch nicht, Liebling, ich auch nicht. Komm, wir wollen uns beeilen.

Ja, das wollen wir. Ich lege mich schon mal aufs Bett.

Horst **Tu das, Schatz, tu das, ich bin gleich bei dir.**

Lass mich aber bitte, bitte nicht warten.

Natürlich nicht.

Ivonne Ich brauche dich jetzt ganz schnell.

Ich fliege, ich eile.

Ich kann den schönsten Augenblick der Hochzeit einfach nicht mehr erwarten.

Wieso Augenblick? Ich hoffe doch, dass es nicht nur einen Augenblick dauern wird.

Also, wenn das zu lange dauert, dann mache ich es eben alleine.

Alleine? In der Hochzeitsnacht?

Na ja, schon, in der Hochzeitsnacht solltest du es tun, aber ganz schnell bitte.

Nein, wir werden uns Zeit lassen und, wie hast du gesagt, äh, den schönsten Moment deines Lebens in aller Ruhe genießen.

Du spinnst.

Also gut, schnell, aber dann öfter.

Horst! Mach mich nicht böse, nicht schon in der Hochzeitsnacht.

Ist ja gut, wenn du Kopfschmerzen hast …

Habe ich nicht. Willst du mir jetzt endlich den schönsten Moment meines Lebens verschaffen und meine schmerzenden Füße aus den viel zu engen Hochzeitsschuhen befreien?

DER EHEKRACH

Personen: Die Brautleute Ivonne und Horst
Dauer: Fünf Minuten
Mobiliar: Tisch, zwei Stühle
Requisite: Frühstücksgeschirr, Brautkleid-Accessoires, Schlafanzüge oder Nachthemden
Ton: Vormittagssendung des regionalen Radiosenders leise im Hintergrund. Die Begrüßung durch den Radiosprecher leitet die Szene ein.

Eingangsszene: Ivonne sitzt am Frühstückstisch. Einige Gegenstände (Schleier, Täschchen u. Ä.) dokumentieren, dass es der Morgen nach der Hochzeitsnacht ist. Horst erscheint verschlafen.

Na? Ausgeschlafen, Liebling? — Ivonne

Sagen wir lieber: Aufgehört. Und wie hast du geschlafen? — **Horst**

Zu viel.

Bitte?

Na ja, zuerst habe ich noch eine Weile wach gelegen.

Du Ärmste, konntest du nicht einschlafen?

Gekonnt hätte ich schon, aber zu wollen habe ich mir nicht zu erlauben getraut.

Du wirst deine Gründe haben.

Weißt du, Horst, Liebling, es gibt da so einen alten Brauch.

Ich habe dich doch über die Türschwelle getragen.

Du hast es dreimal versucht.

Immerhin.

Dann stelltest du fest, dass es allein schon schwierig genug war, aufrecht zu stehen.

Es war immerhin meine Hochzeit.

Meine auch, und deshalb habe dann ich dich über die Schwelle ins Bett getragen.

Horst

Na also, dann haben wir den alten Brauch doch fast erfüllt.

Horst?

Ja, Ivonne, Mäuschen?

Ich meinte einen ganz anderen alten Brauch.

So? Welchen denn?

Es gibt diesen schönen alten Brauch, dass Bräute in der Hochzeitsnacht geschwängert werden müssen.

Von wem?

Von dir!

Alle?

Ivonne

Nein, nur ich! Die anderen Bräute haben schließlich selbst einen Bräutigam.

Na, da haben sie aber Glück gehabt.

Wahrscheinlich mehr Glück als ich.

Mausilein, habe ich etwas falsch gemacht?

Nein, das kann man so nicht sagen.

Gott sei Dank.

Wer gar nichts macht, der macht auch nichts falsch.

Ich habe den Eindruck, dass du mit irgendetwas ein klein wenig unzufrieden bist.

Sehr dezent ausgedrückt. In der Tat, mein Lieber, ich bin ein klein wenig unzufrieden.

Das tut mir leid.

Wenn man die halbe Nacht wach liegt und …

Das musstest du doch nicht.

… auf die Erfüllung des alten Brauches wartet …

Aber warum denn?

Dann ist man am nächsten Morgen unzufrieden!

Das heißt unbefriedigt, Mäuschen, und ich bin schließlich auch unbefriedigt.

Du hättest es ändern können.

Soll das heißen, dass du letzte Nacht keine Kopfschmerzen hattest?

Wieso Kopfschmerzen? Ich hatte noch nie Kopfschmerzen, wenn du etwas von mir wolltest. Ivonne

Du warst ja auch noch nie mit mir verheiratet.

Ich war überhaupt noch nie verheiratet.

Ach so, na, dann kannst du ja auch nicht wissen, dass verheiratete Frauen Kopfschmerzen haben müssen.

Müssen sie nicht.

Das habe ich aber so gelesen. Frauen täuschen Kopfschmerzen vor, wenn sie nicht wollen. Horst

Ich wollte aber.

Du willst immer.

Eben. Also sei gefälligst glücklich.

Ich war müde.

Ich nicht. Ich wollte von dir verwöhnt werden, und zwar in unserem Ehebett.

Sag mal, kannst du denn gar nichts alleine?

Alleine? Wozu hätte ich dann wohl heiraten sollen?

Willst du behaupten, du hättest es bis gestern immer nur alleine ...

Lenk nicht ab.

Dann hättest du nur durch Windbestäubung ...

Horst!

Du bist doch schon schwanger. Was soll denn dann noch dein alter Brauch?

Erstens ist es nicht mein alter Brauch.

Und zweitens?

Und zweitens geht es mir nicht so sehr um das Ergebnis, sondern um das Ritual.

Horst

Und was hättest du vom Ritual gehabt, wo dir doch die Füße vom Tanzen wehgetan haben?

Die Füße haben bei dieser Art von Ritual eine eher untergeordnete Bedeutung. Von Bedeutung wäre gewesen …

Ehrlich gesagt war ich ziemlich besoffen.

Ivonne

Deswegen war das, was eigentlich von Bedeutung gewesen wäre, heute Nacht in der Tat kaum von Bedeutung.

Ich habe wohl nicht besonders luststeigernd auf dich gewirkt, oder?

So kann man sagen. Ich habe ernsthaft überlegt, was besser ist, Küchenmesser oder Telefonbuch.

Was wolltest du mit dem Telefonbuch?

Da stehen Telefonnummern drin.

Weiß ich.

Von Scheidungsanwälten.

Also willst du mich schon am ersten Tag unserer Ehe verlassen?

Wer hat das denn gesagt.

Aber wenn du dich scheiden lassen willst?

Das schon, aber warum denn gleich verlassen? Ich habe einfach nur festgestellt, dass du als Junggeselle ein viel besserer Liebhaber warst.

(steht auf, nimmt Ivonne an die Hand, versucht, sie mitzuziehen) **Komm mit.**

Wohin?

Das wirst du schon sehen.

Und wenn ich nicht will? Ivonne

Trotzdem, komm jetzt.

Du tust mir weh.

Wenn du freiwillig kommst, dann tut es auch nicht weh. **Horst**

Was willst du denn von mir?

Ich will jetzt, in diesem Augenblick in unserem Ehebett unsere Ehe retten, und wenn es sein muss mit Gewalt.

(lässt sich mitzerren, im Abgehen) Ich habe Kopfschmerzen.

ÜBERSTUNDEN

Dieser Sketch muss ggf. entsprechend der Mentalität der Hochzeitsgesellschaft in den erotischen Anspielungen abgemildert werden.

Personen:	Ivonne und Horst, ein Ehepaar
Dauer:	Vier Minuten
Mobiliar:	Wohnzimmer
Requisite:	Nudelholz, Kreide
Ton:	Schlüssel in der Wohnungstür, Zuschlagen, später Öffnen der Wohnungstür, Garderobengeräusche

Eingangsszene: Ivonne steht mitten im Wohnzimmer, mit einem Nudelholz bewaffnet, Horst kommt herein, ein Stück Kreide hinterm Ohr.

Ivonne: Wo kommst du jetzt um diese Zeit noch her?

Horst: **Das musst du verstehen, Liebling. Sieh mal, das war so …**

Da bin ich aber gespannt.

Ich will es dir ja erklären, wenn du zuhörst. Das war nämlich so. Du weißt doch, dass ich kurz vor einem wichtigen Vertragsabschluss stehe, und da war es nun mal nötig, dass die Vertragsunterlagen rechtzeitig fertig werden, und weil Marianne, ich meine Fräulein Krause, also meine Sekretärin, du weißt schon …

Marianne, ich habe es gehört.

Ja, weil sie also heute Abend Zeit hatte, hatten wir gedacht, dass der Vertrag ja noch fertig werden könnte.

Und sie saß beim Diktat auf deinem Schreibtisch.

Na ja …

Dabei hatte sie wie üblich ihr kurzes Röckchen an.

Beim Diktat, so war es.

Und nach dem Diktat?

Saß sie nicht mehr auf meinem Schreibtisch.

So.

Nein.

Und das Röckchen?

Hatte sie auch nicht mehr an.

Weil es zu warm war, nehme ich an?

Um ehrlich zu sein, es war noch viel wärmer.

Was musste deine arme, arme Marianne denn alles ausziehen, damit sie bei der Arbeit nicht so schwitzt?

Du, ich bin müde, muss ich das wirklich alles aufzählen?

Im Büro warst du auch nicht zu müde, also!

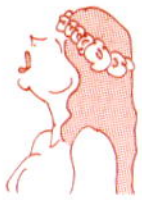

Schatz, es war wirklich ein anstrengender Abend, ich will es kurz machen, sie hatte noch ihre Ohrringe an.

Und du?

Ich habe doch gar keine Ohrringe.

Das weiß ich selbst, du Ferkel.

Aber Liebling, seit wann darf ich denn nicht mehr mit Marianne … Horst

Wie oft?

Drei- oder viermal, glaube ich.

Angeber.

Wirklich, Liebling, ich war heute echt in Form.

Und was ist mit mir?

Komm, für dich reicht es bestimmt auch noch.

Ich gehe nicht mehr mit dir ins Bett. Ivonne

Aber Liebling, Ivonne, bitte.

Kommt nicht in Frage.

Du bist doch sonst nicht eifersüchtig.

Das bin ich immer noch nicht, aber ich kann es einfach nicht ertragen, wenn du mich belügst, du Schuft. Beim Kegeln warst du nämlich, du hast ja noch die Kreide vom Anschreiben hinterm Ohr. *(beide verharren kurz, setzen sich dann)*

Und du meinst wirklich, dass wir diesen Sketch auf Bennos Hochzeit spielen können?

Warum denn nicht? Der ist doch ganz lustig.

Na ja, weil er ja wirklich ein Geschäft hat und weil seine Sekretärin ja wirklich Marianne heißt.

Und weil Benno ja wirklich oft Überstunden macht. Gerade deshalb passt der Sketch doch so gut.

Und was glaubst du, wird seine frisch Angetraute dazu sagen?

Ivonne — Ach, Erika wird Spaß verstehen.

Oder uns zu ihrer nächsten Hochzeit nicht wieder einladen.

Du meinst zu ihrer Silberhochzeit.

Horst — **Natürlich. Und bis das so weit ist, wird sie ihn wohl zum Kegeln begleiten.**

SO EINE WIE ICH

Personen: Ivonne und Horst
Dauer: Zwei Minuten
Mobiliar: Keins
Requisite: Keine
Ton: Nicht nötig

Eingangsszene: Ivonne und Horst treffen an einem beliebigen Ort zusammen oder sitzen am Feierabend in ihrer Wohnung.

Ivonne — Stell dir vor, der Gerd hat eine Ausländerin geheiratet.

Horst — **Was hat der?**

Eine Ausländerin geheiratet.

Sag bloß.

Da staunst du, was?

Und von wo ist die?

Keine Ahnung, sieht aber verdammt gut aus.

Das ist klar, Geschmack hat er schließlich.

Sie aber offenbar nicht.

Nun übertreib nicht, für einen Mitteleuropäer sieht er doch gar nicht so schlecht aus.

Du, die ist so hübsch, die hätte eigentlich so einen wie dich verdient.

Ja Moment, aber was wäre dann mit dir?

Ich habe auch so einen wie dich verdient.

Und wenn ich mich nun für eine Ausländerin entscheiden würde? Vielleicht hat Gerds Frau ja eine Schwester? Horst

Dann will ich doch hoffen, dass sie auch einen Bruder hat. Ivonne

Ach, und du meinst ...

Na klar, wenn der nur halb so schick ist, wie Gerds Frau, dann ...

Was dann?

Dann hat er so eine wie mich verdient.

SPRACHLOS

Personen: Ivonne und Horst
Dauer: Zwei Minuten
Mobiliar: Keins
Requisite: Keine
Ton: Dafür sorgen hier die Hochzeitsgäste selbst.

Eingangsszene: Auf der aktuellen Hochzeitsfeier treffen Horst und Ivonne auf Gerd. Gerd kann der Bräutigam, aber auch ein Gast sein.

Sag mal, Gerd, du musst ja eine Engelsgeduld haben. Ivonne

Wieso muss Gerd eine Engelsgeduld haben? Horst

Na hör mal, er hat eine Ausländerin geheiratet.

Ach so, du meinst, er musste geduldig warten, bis sie Deutsch konnte.

Quatsch, wer braucht denn zur Liebe die Sprache?

Ich zum Beispiel.

Du hast bei der Liebe bisher noch nie ein Wort geredet.

Werde jetzt bitte nicht indiskret, meine Bettgewohnheiten gehen niemanden etwas an.

Doch, du bist der lebende Beweis dafür, dass Liebe keine Sprachschwierigkeiten kennt, und bei Goethe steht das auch.

Was steht bei Goethe?

Dass es der Sprache nicht bedarf, wenn es um Liebe geht, Von ihm stammt:
»Ob er dir gefallen kann? Die Augen musst du fragen.
Ob's ein braver guter Mann? Das muss das Herz dir sagen.«
Von Sprache steht da nichts.

Horst

Nun übertreib nicht. Wie sollte ich dir wohl sagen, dass du hinterher Kaffee kochen sollst, wenn du nicht Deutsch könntest?

Das bräuchtest du mir nicht sagen, das könntest du einfach selbst machen.

Und wie sollte ich dir sagen, was du kochen sollst? Was mein Leibgericht ist?

Ivonne

Einfacher wäre es, wenn du selbst kochen würdest.

Ich müsste dir sagen, wo du was findest, Besen, Waschmittel, Staubsauger und was man sonst noch so braucht.

Wenn du es selbst benutzen würdest, wäre das nicht nötig.

Damit dürfte klar sein, dass Gerd wirklich eine Engelsgeduld braucht, bis seine Frau Deutsch kann. Bei der Aufgabenteilung ist jeder einzelne Tag schon zu lang. Was würdest du eigentlich tun, wenn ich die ganze Hausarbeit am Hals hätte?

Jedenfalls nicht Deutsch lernen.

Im folgenden Text werden zwei Szenen dargestellt, nämlich einmal der Dialog zwischen Vater und Tochter und einmal der Dialog zwischen Mutter und Sohn. Da die beiden gezeigten Familien zunächst nichts miteinander zu tun haben, sollten die Szenen räumlich getrennt vorbereitet werden. Sie sind aber ineinander verwoben. Wenn Sie das Glück haben, dass Sie im Saal mit Lichtwechsel arbeiten können, dann nutzen Sie diese Gelegenheit. Es geht natürlich auch ohne.

Eine Einführung in die Szene bietet sich hier besonders an, denn man kann diesen Text aus zwei Gründen verwenden. Nach dem ersten Ansagebeispiel (Text 1, siehe nächste Seite) können Sie die Szenen im Original, also mit den vorgegebenen Namen spielen. Nach dem anderen Ansagebeispiel (Text 2, siehe nächste Seite) müssen zwingend die Vornamen der Brautleute verwendet werden. Der einleitende Text, egal welcher, sollte von jemandem gesprochen werden, der im Folgenden nicht mitspielt.

Die Thematik »Was kommt in der Ehe auf euch zu?« ist praktisch unendlich. Was kommt auf euch zu, wenn ihr Kinder haben werdet, schränkt diese Unendlichkeit kaum ein. Zu diesem letzten Thema ist bereits ein Titel erschienen, der für Sie hilfreich sein könnte. 21 Dialoge zwischen Katrinchen und ihrem Vater finden Sie in dem Buch »Neue Sketche für alle Gelegenheiten und jeden Anlass«.

Personen:	Sprecher(in), Vater und Katrinchen, Mutter und Horst
Dauer:	Sieben Minuten
Mobiliar:	Zwei Sitzgruppen, notfalls jeweils zwei Stühle

Requisite: Keine

Ton: Während der Szenen nicht empfohlen, weil Kinder oft leise sprechen. Szenenwechsel kann mit einigen wenigen Takten Musik (Kinderlied) untermalt werden. Wenn nur eine Sitzgruppe da ist, auf der alles gespielt werden muss, sollte unbedingt Musik eingespielt werden, wenn die Darsteller wechseln.

Eingangsszene: Sprecher betritt die Bühne und wartet ab, bis alle Gäste aufmerksam sind.

Text 1

Sprecher(in) Liebe Hochzeitsgesellschaft, liebes Brautpaar, zwei Menschen haben sich zusammengefunden, um eine Familie zu gründen. Da eine Familie schon statistisch gesehen aus mehr als zwei Personen besteht, und da wir annehmen, dass die weiteren Personen der Familie wohl nicht die gegenseitigen Schwiegereltern sein sollen, ist mit Kindern beiderlei Geschlechts zu rechnen. *(Falls durch den letzten Satz ein Raunen oder Lachen ausgelöst wird, dann sollte der folgende Satz gesprochen werden. Bleibt es ruhig, sollte man ihn besser überspringen.)* Moment, nicht jedes Kind soll beiderlei Geschlecht haben, nein, nein, jedes sein eigenes. Liebes Brautpaar, wir wollen euch nun zeigen, was auf euch zukommen kann, wenn ihr Kinder haben werdet.

Text 2

Sprecher(in) Liebe Hochzeitsgesellschaft, heute haben sich zwei Menschen das Ja-Wort gegeben, deren Verwandte sich gegenseitig kaum bis gar nicht kennen. Es dürfte auch weitgehend unbekannt sein, zu welcher Zeit und auf welche Weise die Grundlage für diese Ehe geschaffen wurde. Beobachten Sie nun, was sich vor vielen Jahren tat in einem kleinen Ausschnitt aus dem Kindergarten-Report.

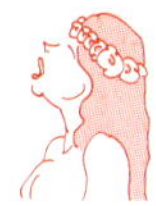

1. Szene: Katrinchen mit ihrem Vater

Papa, darf ich mal was fragen? Katrinchen

Frage ruhig, Katrinchen. **Vater**

Papa, was muss ein Junge machen, wenn er mich heiraten will?

Will dich denn einer heiraten?

Klar, Papa, ich bin doch hübsch.

Aber auch ziemlich frech.

Das muss er abkönnen, Papa.

Hast du denn schon einen Bestimmten im Auge?

Natürlich.

Und hast du es ihm schon gesagt?

Ja, ich weiß bloß nicht, ob ich das richtig gemacht habe.

Was hast du denn gesagt?

Ich habe ihm gesagt … äh, soll ich dir das wirklich erzählen, was ich gesagt habe, Papa?

Sonst kann ich doch nicht beurteilen, ob du es richtig gemacht hast, Katrinchen.

Also gut, Papa, ich habe gesagt … ich habe gesagt …

Du brauchst dich doch nicht zu genieren.

Ich habe gesagt: »Heiko, ich mag dich leiden.«

Das war schon nicht schlecht.

Und dann habe ich gesagt: »Ich mag dich so gerne leiden, ich möchte eine Puppe von dir.«

2. Szene: Heiko mit seiner Mutter

Mama, darf ich mal was fragen? Heiko

Frage ruhig, Heiko. **Mutter**

Was soll ich tun, Mama, ich glaube, Katrinchen will mich heiraten.

Und du? Würdest du Katrinchen heiraten?

Klar, Mama, wenn sie mich wirklich will.

Dann ist es ja gut.

Nein, Mama, ich will sie gerne heiraten, aber ich kann nicht, ich habe doch gar kein Geld.

Mutter

Ach, du meinst Geld für die Hochzeitsfeier und so.

Quatsch, Mama, Katrinchen will eine Puppe von mir, und die kann ich mir nicht leisten.

Eine Puppe, ja, das ist natürlich ein Problem.

Heiko

Ja, und das muss auch schnell gehen, bevor ihr jemand anderes eine Puppe schenkt.

Muss es denn unbedingt eine Puppe sein?

Na ja, Mama, ich habe auch schon daran gedacht, dass sie von mir ein Kind kriegen könnte.

Aber Heiko!

Ich weiß bloß nicht, wo ich so ein Kind herkriegen soll, die Kleinen im Kindergarten sind alle blöd.

3. Szene: Katrinchen mit ihrem Vater

Katrinchen

Papa, darf ich mal was fragen?

Vater

Frage ruhig, Katrinchen.

Papa, wenn ich ein Kind von Heiko kriege, darf das dann bei uns wohnen?

Bitte, wenn du was von Heiko kriegst?

Ein Kind, Papa.

Du kannst doch noch kein Kind kriegen.

Warum denn nicht? Heiko hat gestern im Kindergarten gesagt, ich darf mir von den Kleinsten eines aussuchen.

Moment mal, Katrinchen, dein Heiko kann doch nicht einfach Kinder aus dem Kindergarten verschenken.

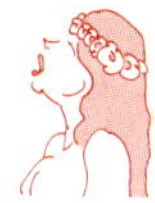

Das habe ich mir auch schon gedacht, Papa, die gehören ihm doch gar nicht, oder? Katrinchen

So ist es, Katrinchen, Kinder, wie soll ich sagen, Kinder kriegt man etwas anders als Puppen. Vater

Erzählst du es mir, Papa?

Also gut, pass auf.

4. Szene: Heiko mit seiner Mutter

Mama, darf ich mal was fragen? Heiko

Frage ruhig, Heiko. Mutter

Was macht man, wenn man ganz traurig ist?

Wer ist denn so traurig?

Ich.

Und warum bist du so traurig?

Weil Katrinchens Papa gesagt hat, dass Katrinchen kein Kind von mir haben darf.

Ihr beiden seid ja wohl auch noch etwas zu klein, als dass ihr ein Kind haben könntet.

Wieso wir beiden, Mama? Ich will doch gar kein Kind, nur Katrinchen soll eins haben, und zwar von mir.

Soll ich dir vielleicht doch lieber Geld für eine Puppe geben?

Das wäre natürlich viel besser, Mama, die schenke ich Katrinchen, und dann muss sie mich heiraten, und dann haben wir für unsere Kinder später auch schon gleich eine Puppe zum Spielen.

Und wann wollt ihr heiraten und Kinder haben?

Wenn wir erwachsen sind, Mama, Katrinchens Papa hat Katrinchen nämlich erzählt, dass man dazu erwachsen sein muss und wie man das macht.

Wie man was macht?

Kinder kriegen, ohne sie im Kindergarten zu klauen. Und wenn ich groß bin, dann will Katrinchen es mir zeigen.

Sie sind hoffentlich nicht die einzige Person, die dieses Buch gelesen hat. Es wäre also möglich, dass der Sketch, den Sie sich ausgesucht haben, einigen Gästen bekannt vorkommen könnte. Das muss doch nicht sein. Tucholsky hat mal gesagt: »Das bisschen, was ich lese, schreibe ich mir selbst.« Sagen Sie sich doch einfach: »Das bisschen, was wir spielen, schreiben wir uns selbst.«

VORSCHLÄGE FÜR THEMEN UND SZENARIEN

Hier finden Sie eine Sammlung von möglichen Szenarien für eigene Texte, in denen Sie bei Bedarf auch Ideen, Textauszüge und Textfragmente aus diesem Buch verwenden können. Diese Ideensammlung entbehrt natürlich jeder Vollständigkeit.

Vor der Hochzeit

- Rückblick auf den Polterabend
- Der erste Besuch bei den Eltern des jeweils anderen. Warum soll »sie« nicht mal um »seine« Hand anhalten?
- Bestellung der Heiratsanzeige in der örtlichen Presse (Telefon-Solo oder Sketch, wobei nicht unbedingt die Brautleute aktiv werden. Es können z. B. auch die Eltern der Brautleute dargestellt werden.)
- Traugespräch (Vorbesprechung) beim Pfarrer
- Junggesellenabschied beispielsweise als zwei sehr ähnliche Szenen, einmal verabschiedet er sich von seinen Freunden, dann sie sich von ihren Freundinnen. Pikant wäre, wenn er sich von seinen Freundinnen und sie sich von ihren Freunden verabschiedet. Dabei ist aber Vorsicht geboten.

- Historie der durch die heutige Trauung beendeten Beziehung. Die Beziehung ist deshalb beendet, weil sie durch die Ehe ersetzt wurde. Hier lässt sich ein Verwirrspiel herleiten, wenn sich das Publikum fragen muss, welche Beziehung denn durch die Trauung beendet wurde.
- Bekehrung eines Singles zum Heiratswunsch. (Argumente: Legalisierte Sexualbeziehung, trautes Heim, warmes Bett, liebevolle Zuwendung, Tradition, Erbfolge, Steuerrecht)
- Die Qual der Wahl, ein Ein-Mann- bzw. Eine-Frau-Sketch. Gespielt wird die innere Zerrissenheit bei der Partnerwahl, wobei am Schluss die Begründung herauskommt, warum gerade dieser Partner gewählt wurde. Hier ist schauspielerisches Talent gefragt, das Thema ist eine Herausforderung.
- Der Ehetauglichkeitstest (Kannst du nur essen oder auch kochen, kannst du das Bett nur benutzen oder kannst du es auch machen?)

  Die Liebeserklärung (Wenn es dich nicht gäbe, ich würde dich backen lassen.)

Am Hochzeitstag

- Die Trauung, Szene auf dem Standesamt oder in der Kirche
- Der Bräutigam verhindert die Entführung der Braut dadurch, dass er sie selbst kidnappt. (Könnte sogar als Thema für einen kurzen Mehrakter reichen und ist auch als Groteske möglich, wenn die Braut den Bräutigam entführt.)
- Der Ehe-Knigge. Hier kann das korrekte oder als schlechtes Beispiel das unkorrekte Verhalten der Frau oder des Mannes beispielhaft gespielt werden. Möglichkeiten dazu: Wie verhält man sich beim Aufwachen, Aufstehen, Frühstück, Abschied zur Arbeit, Zurückkommen von der Arbeit, Essen, Fernsehen, Schlafengehen, im Kino, Theater, Restaurant und beim Seitensprung?)

- Das Dominanz-Quiz (Hier kann das junge Paar mit Ja-Nein-Fragen interviewt werden, es könnte aber auch ein Sketch entstehen. Wenn das Paar selbst befragt wird, ist auch eine Auswertung bzw. Preisvergabe nötig. Erster Preis, die goldene Hose, zweiter Preis, der silberne Pantoffel.)
- Dialoge zwischen den Brautleuten mit den Themen:
  - Wann realisieren wir den Kinderwunsch? Vor der Trauung, zwischen Trauung und Hochzeitsfeier, nach der Hochzeitsfeier oder gar nicht? Zwischen Suppe und Hauptgericht reicht die Zeit nicht.
  - Werden wir nach der Hochzeitsfeier zu müde sein?
  - Was machen wir mit den Geschenken, die wir doppelt bekommen haben? (Mit der philosophischen Frage »Was ist schlimmer, drei Kaffeemaschinen oder drei Fünfzig-Euro-Scheine?«)
  - Auf der Bettkante mit der Diskussion: Was ist eigentlich heute anders als gestern?

Nach der Hochzeit

- Der erste Ehekrach, wie es dazu kam und wie man ihn verhindert.
- Planung der Hochzeitsreise.
- Das Scheitern einer Ehe (Sollte aus zwei Sketchen bestehen, wobei im ersten alles falsch gemacht wird, Folge: Die Ehe scheitert. Im zweiten wird es dann richtig gemacht, Folge: Glückliche Ehe, die man dem Brautpaar dann auch wünschen kann.)
- Seine Pflichten, ihre Pflichten und der spätere Irrtum zu glauben, keine Rechte mehr zu haben.
- Die Partnererziehung (Ein wahrhaft weites Feld und immer schön zweiseitig. Wer erzieht wen zu was? Von der Hausarbeit über Einkaufen, Restaurantbesuch, Kinobesuch, Theaterbesuch, Mode, Verhalten in der Öffentlichkeit bis ins hoffentlich gemeinsame Bett.)

- ☐ Erste Hilfe bei Kopfschmerzen der Gattin oder Potenzstörungen des Gatten (Das wird mit allergrößter Wahrscheinlichkeit klischeehaft, also übertreiben Sie!)

TEXTFRAGMENTE ZUM KOMBINIEREN

In die meisten Szenarien können Sie einfach dadurch komische Elemente bringen, dass Sie Irrtümer bei der Verwendung von Fremdsprachen einsetzen. Das bietet sich insbesondere dann an, wenn sich Menschen verschiedener Nationalität verbinden.

Das englische »to become« heißt *werden*, nicht bekommen, das italienische »caldo« bedeutet *warm*, nicht kalt. Irrtümer, die in den folgenden Beispielen mit der italienischen Sprache möglich sind, finden Sie ganz sicher auch in anderen Sprachen. Im Restaurant, zum Beispiel auf der Hochzeitsreise, verlangt man »il conto«, die *Rechnung*, nicht aber »il conte«, denn was will man mit einem Grafen? In der Hochzeitsnacht stört »lo squillo«, das *Telefonklingeln*, sehr, mehr aber noch »la squillo«, das *Callgirl*. Wenn die junge Frau »il papa« besuchen will, lassen Sie sie, denn das ist der *Papst*, bei »il pappa« hat sie aber nichts verloren, denn das ist der *Zuhälter*. Wenn der junge Ehemann »una camera con una bella vista sulle tette« bestellt, dürfte seine italienische Gattin stutzig werden, denn wozu braucht er ein Zimmer mit schönem Blick über die - verzeihen Sie den Ausdruck, aber so heißt das nun mal - Titten? »Bella vista sui tetti« darf er hingegen bestellen, denn das ist der *schöne Blick über die Dächer*. Wenn der junge Mann in der Hochzeitsnacht zu betrunken war, dann gesteht er seine Schuld mit »colpa mia«, *meine Schuld*, ein, »copula mia«, *meine Kopulation*, sollte er besser nicht sagen, denn die fand ja gar nicht statt.

Die folgenden Textfragmente können Sie einbauen, wo es Ihnen passt.

Fragment 1

Wenn die Braut vor Glück weint, dann ist das Balsam auf die Herzen der Großeltern, aber keine gute Grundlage für das Gelingen von Hochzeitsfotos.

Fragment 2

Er — Schatz, wo bist du gerade?

Sie — Im siebenten Himmel.

Dann sieh zu, dass du wieder runterkommst, wir können die Hochzeitsgäste nicht warten lassen.

Fragment 3

(bei der Hochzeit eines binationalen Paares)

Der Chinese — Mein liebel Bludel, deine Blaut sieht abel übel aus.

Der Bräutigam — Das nimmst du sofort zurück.

Walum denn? Ich bin doch noch gal nicht feltig. Ich wollte sagen: Mein liebel Bludel, deine Blaut sieht abel übelaus leizend aus.

Da hast du ja noch mal Glück gehabt.

Fragment 4

(bei der Feier)

A — Du, ich habe da gestern einen interessanten Bericht gelesen über die auffällige Färbung einiger Tiere in der Brunstzeit.

B — So?

Ja, dieses sexuelle Anlockungs- und Reizmittel, das meist von besonderen Balzgewohnheiten unterstützt wird, nennt der Biologe Hochzeitskleid. (kurze Pause) Warum starrst du die Braut so an?

Na hör mal, ein Hochzeitskleid trägt sie, jetzt will ich die Balzgewohnheiten sehen.

Fragment 5

(Wenn Ihnen keine Schlusspointe einfallen sollte.)

Weißt du eigentlich, was ein Hochzeitsflug ist? A

Du meinst: die Hochzeitsreise. B

Nee, Hochzeitsflug.

Weiß ich nicht.

Hochzeitsflug nennt man den Schwarmflug Staaten bildender Insekten zum Zwecke der Befruchtung der Königin.

Dann lag ich doch mit Hochzeitsreise gar nicht so falsch. Da fliegt er mit seiner Königin in die Flitterwochen zum Zwecke …

Ja, ist gut, das wissen wir alle. Liebes Brautpaar, noch einmal unseren herzlichen Glückwunsch, und möge die Hochzeitsreise gelingen.

Fragment 6

(im Vorgespräch beim Pfarrer)

Hochwürden, wäre es möglich, die Trauung mit einem Abendmahl zu verbinden? Sie

Nun, meine Tochter, es ist nicht direkt üblich, aber genau genommen … Pfarrer

Es wäre aber ein Herzenswunsch von uns. Er

Gut, da dieser Wunsch Ihre tiefe Verbundenheit zu unserem Herrn bezeugt, wollen wir sehen, …

Moment, Hochwürden, mit welchem Herrn wollen Sie meine Ivonne verbinden?

Wer der Herr im Hause wird, lege sowieso ich fest.

Wieso du?

Pfarrer *Bitte, bitte, meine Herrschaften, Sie haben den Wunsch geäußert, am Tisch des Herrn Platz zu nehmen.*

Sie Richtig.

Um sich ihm in Ihrer gemeinsamen Zukunft anzuvertrauen.

Er Ach, Hochwürden, Sie müssen das realistisch sehen.

Es geht darum, dass die Hochzeitsgäste nach der Trauung nicht mehr gar so hungrig sind.